2017 中国家族企业健康发展报告

2017 Health Development Report for Chinese Family Business

陈 凌 窦军生 著

ZHEJIANG UNIVERSITY PRESS
浙江大学出版社

图书在版编目（CIP）数据

2017中国家族企业健康发展报告 / 陈凌，窦军生著. —杭州：浙江大学出版社，2017.12
ISBN 978-7-308-17700-9

Ⅰ. ①2… Ⅱ. ①陈… ②窦… Ⅲ. ①家族－私营企业－企业管理－研究报告－中国－2017 Ⅳ. ①F279.245

中国版本图书馆CIP数据核字(2017)第310846号

2017中国家族企业健康发展报告

陈 凌 窦军生 著

责任编辑 樊晓燕（fxy@zju.edu.cn）
责任校对 杨利军 张培洁
封面设计 杭州林智广告有限公司
出版发行 浙江大学出版社
（杭州市天目山路148号 邮政编码 310007）
（网址：http://www.zjupress.com）
排 版 杭州林智广告有限公司
印 刷 浙江印刷集团有限公司
开 本 710mm×1000mm 1/16
印 张 9.75
字 数 180千
版 印 次 2017年12月第1版 2017年12月第1次印刷
书 号 ISBN 978-7-308-17700-9
定 价 58.00元

浙江大学出版社发行中心联系方式：0571-88925591；http://zjdxcbs.tmall.com

前　言

PRELUDE

肩负着培养具有国际视野、创新能力、创业精神和社会责任的高级管理专业人才与未来领导者的历史使命，自2012年起，浙江大学管理学院连续出版了五本《中国家族企业健康指数报告》，指出了中国家族企业致力于成长发展的健康力量所需要的素养和环境，为学术界研究、企业家改善管理模式以及政府部门创新环境政策提供了策略性建议和思路。

家族企业健康研究是一个新鲜的话题，外部可供参考的研究成果极少，对于我们课题组而言，这可以说是一个不断探索和迭代的过程。在最初两年的研究中，我们对家族企业健康指数的研究框架做出了探索性的构建，并基于小规模的调查进行了初步的运用和检验。2014年，通过与全国工商联的合作，我们首次在10多个省份开展了大规模的调查研究，研究框架也在实际的研究过程中得到了改进和完善。2015年，我们的研究视阈首次扩展到海外。与新加坡管理大学团队的合作，不仅丰富了我们的研究样本，同时还增进了我们对案例研究重要性的认识。2016年，课题组借着同全国工商联的再次合作，又对指标体系做了局部的调整和优化，不仅将调研范围拓展到了全国更大的范围，还增加了更多翔实的一手案例。这让我们在研究报告中得以对家族企业在不同健康维度上的表现差异做出了十分细致且深入的分析。

2017年，中国家族企业健康研究进入了第六个年头，我们初心未变，在工作思路和研究框架上则再次做出了一些调整。今年，我们首次使用“健康发展报告”这个题目。主要的考量有二：一方面，指数从本质上讲是一个相对数，需要有稳定的基数，而我们以往所做的健康研究，每年调研的企业都不相同，虽然在样本的选择上我们尽量确保科学研究的严谨性，但仍然带有一定的局限性。严格意义上讲，这些研究都是就家族企业的健康状况展开的，用“健康发展报告”能够更加准确地统摄实际的研究内容。另一方面，我们在调研的过程中发现，受访企业“死去”的情况每年都在发生，这既有企业自身健康的原因，也源于一些非市场的外在因素影响。这对我们的指数研究提出了很大的挑战。同时，在那些失败的企业中必然存在一些值得我们去总结和思考的教训，如果研究重心完全聚焦于指数，这部分极具启示意义的发现就有可能被人为地忽略，如此便与我们研究的初衷相背离。为了保留这些宝贵的经验证据，我们选择以案例的形式将其呈现在健康发展报告中每个主题研究发现之后，以期能够从另外一个维度为我们的读者带来一些启迪。

健康是一个非常综合的概念，要准确测度个体的健康就非易事，更不用说企业这种复杂组织的健康。在以往的研究中，我们尝试从三个维度对企业健康进行了构成性的测量，但在最终形成整合性指标的时候发现十分困难。这就好比我们个人去医院进行健康体检一样，医生们很难基于检查的某几项指标就能对我们做出整体性的结论。通常，他们更倾向于从具体指标所反映出来的问题，就某些部位或器官可能存在的病变概率等给出自己的判断。遵循类似的思路，从今年开始，我们也会对企业的健康状况采取一些反映性的测量。具体而言，我们首先明确了现有研究中已经识别出的与企业健康发展紧密相关的外在指征性行为表现，然后每年分主题地进行相对全面的系列研究。换句话讲，如果我们之前围绕健康指数这个概念想做的工作是“连续剧”的话，那么接下来的健康发展报告研究工作将是一部“系列片”。

依据上述调整后的思路，我们本年度首先选择的是“跨代创业”这个主题。家族企业“富不过三代”是一个世界性的难题。在现有的认知范围内，人们普遍认为跨代创业是打破这一魔咒的有效路径。具体而言，在给定的制度环境下，家族后代通过对企业资源进行重组和更新，来打破路径依赖和原有发展框架，积极发现、创造和发展新的机会，以此来确保企业的长寿和长青。换言之，“富不过三代”主要是因为从第二代开始往往会有“守业”的思想倾向，如果第二代也像自己的前辈那样具有创业精神，自然也就没有了三代的败业。在现实中，家族企业的跨代创业通常表现为创新活动的变化、业务分布的调整、区域布局的优化以及组织战略的变革等。鉴于数据的可获性以及研究内容的篇幅和工作量，本年度的报告我们将聚焦在这四个模块上进行研究。为确保研究样本的稳定性和数据的可及性，在今年的报告中，我们使用的研究样本是2009—2015年在沪深交易所上市且发行了A股的中国家族上市公司。

限于研究的时间和精力，以及课题组研究团队的研究水平和学识，相关的理论观点的论证可能还存在需要进一步完善之处。恳请海内外关心家族企业发展的专家、学者以及有识之士不吝指教，让我们在未来能够将研究做得更深入、更翔实，为促进中国家族企业健康发展尽一份微薄之力。

序言一

PREFACE I

蔡济铭（Jess Chua）

加拿大卡尔加里大学财务学教授、浙江大学企业家学院学术委员会主席、浙江大学管理学院兼职讲座教授

When Prof. Chen Ling first told me about this ambitious project to study the organizational health of family firms in China, I had just begun to think about the same subject because of an invitation to join a similar project in an international context. I would like to congratulate Prof. Chen and his colleagues for so quickly achieving their results because our own has barely begun. Thus I was quite interested in what their project uncovered and it was fortuitous that Prof. Chen asked me to write a preface for the study, allowing me to see the report before it is made public to everybody.

当陈凌教授初次对我提及中国家族企业组织健康这个雄心勃勃的研究项目时，我正好因受邀参加类似项目而开始思考国际背景下的相关问题。我要恭喜陈教授和他的同事这么快就取得了研究成果，而我们自己的研究才刚刚开始。我对他们的项目研究发现很感兴趣，同时我也很荣幸受邀给研究报告作序，让我能在报告公开发表前看到研究成果。

Health, even in the case of a person, is not easy to define or measure. The World Health Organization (WHO) defines it as: "... a state of complete physical, mental and social well-being and not merely the absence of disease or infirmity." So the definition transcends freedom from illness and pain which is how health is actually defined in medical practice as implied by the pronouncement of health when one's annual physical checkup screens out diseases and their near causes. But even the WHO's definition has been criticized for setting an ideal that is unachievable or unachievable by most. Thus, many experts now work with a concept of health that is somewhere between the definition as practiced in medicine and as defined by the WHO.

健康，即便是针对个人也不容易定义和测量。世界卫生组织（WHO）对健康的定义是："……生理、心智和人际等全方位状态良好，而不只是没有疾病和免于身体虚弱。"这个定义超越了医疗实践对健康的事实定义，即无病无痛，直白地说就是年度体检对疾病和病因排查后做出的健康结论。不过即便是 WHO 的定义也被批评者认为是为健康设置了一个无法达到或绝大多数人无法达到的理想状态。因此许多专家所用的健康概念仍界于医疗实践定义和 WHO 定义之间。

The idea that organizations should also be viewed in terms of its health rather than simply its economic performance is around fifty years old, quite young in terms of science. If experts are still unable to agree on a definition of health for individuals, we should not expect them to do better in terms of organizational health. Clearly, it cannot be a case of an organization without problems because, especially in today's global economy, organizations all face the constant need for adapting to changes in the business environment. Some combination of direction, self-identity, productivity and adaptability in their financial, psychological, social and cultural contexts appear to be present in most definitions. These ingredients are certainly reflected in the measures used in this study.

管理学关注组织的健康而不仅是简单地用经济绩效来评价组织的思想已经流行了近半个世纪，但是用科学的方法来研究组织的健康状况还是非常新的尝试。既然医学专家们在个人健康的定义上尚且不能达成共识，我们也不该太指望管理学专家们在组织健康的定义上能做得更好。而且很明显，组织不可能没有问题，特别是在今天这种全球化经济背景下，所有组织都需要不断适应商业环境的变化。大多数的企业健康定义都会融合财务、心理、社会和文化这些方面的目标、身份、生产力、适应力等因素，这些因素在本研究的方法中都有所体现。

One of the most important difficulties in studying organizational health arises from the fact that organizational health requires both the organization as a whole and the individuals who make up the organization to be "healthy". This requires a delicate balancing of the interests of the organizational members and the organization itself or else the interests of one would end up being enhanced at the expense of those of the other. This balancing act cannot

escape influence from the cultural heritage of the family and the community at large. Thus the uneven scores found for the different dimensions measured in the study may be the result of differences in interests as affected by cultural orientations of the founders, the potential successors and the non-family workers. For example, as the study observes, there may be a conflict between the collectivist orientation of the founder and the western-influenced more individualistic one of the potential successor.

组织健康研究的关键难题之一是组织健康要求组织整体和组织成员都要“健康”这个事实。该事实要求巧妙平衡组织成员和组织本身的利益冲突，否则必然导致一方得益一方受损。平衡方案逃不脱家族文化遗产和社会文化传统的影响，因此本研究各测量维度上的不同得分可能是不同利益群体差异的体现，反映了创始人、潜在接班人和非家族成员等群体的不同文化倾向。比如本研究观察到的创始人的集体主义倾向和潜在接班人受西方文化影响而表现出来的更个人主义的倾向之间就可能存在冲突。

When the object of study is complicated by the presence of a second organization—the family—the subject becomes interesting and challenging indeed. Now, the situation studied involves conflicts between interests of the family firm as an organization, the family as another organization, the individual family members working in the business, the individual family members not working in the business, and the non-family workers of the firm. As a result of the complexities, the conclusions made in the study are going to be controversial. First, this is because they will reflect the Chinese culture with respect to whose interests are more important. Second, arguments are needed to approach the truth. Thus, although controversy could be frustrating for family firms and their consultants, it excites researchers because it is where we live. So I believe that this report is going to receive a lot of attention from family business researchers in China. And researchers should thank Prof. Chen and his colleagues for leading us toward this very important, new, challenging and controversy prone topic of research.

当研究目标必须要考虑另一个组织——家族——而变得复杂时，研究主题事实上也变得有趣和富有挑战。此时所研究的情景涉及家族企业和家族这两个组织之间的利益冲突，涉及企业内的家族成员、企业外的家族成员以及企业内非家族成员之间的利益冲突。研究情景复杂造成的结果是研究结论和对结论的解释必然

存在争议。出现争议首先是因为情景中的冲突反映了中国文化中谁的利益更重要的价值判断，其次是因为学术界必须通过争论来接近真理。所以，虽然争议的结论可能让家族企业和企业顾问无所适从，但却让我们这些研究者很兴奋，这正是我们要研究的天地。因此，我认为这份研究报告必将会受到中国家族企业研究者的诸多关注，而且研究者应该感谢陈教授和他的同事们在这个重要、崭新、富有挑战和必然充满争议的研究领域为我们开路。

序言二

PREFACE II

茅理翔

方太集团名誉董事长、浙江大学企业家学院理事长、家业长青接班人学院院长

《2017中国家族企业健康发展报告》出版了，这是浙江大学管理学院的最新成果，也是陈凌教授团队对中国家族企业实践与研究的又一重大贡献。特别是在当前转型洗牌的多危机时代，中国家族企业正面临一个特殊的传承危机与转型洗牌的关键时刻，这个报告的诞生，将对中国家族企业的健康成长、走向百年老店，起到一个指路明灯的历史性作用，更是以陈凌教授为首的专家团队对中国家族企业核心理论价值体系的一项独具创造性、前瞻性、权威性的重大研究成果。

我是家族企业坚定的拥护者，也是家族企业坚定的革新者。我创了一个家族企业，后来又研究家族企业。在与全国的专家、学者、企业家交流中，我深深感到家族企业已经完全融入市场经济的每一个角落，已经成为符合中国特色社会主义价值体系的重要经济组织形态。这既是改革开放的成果，也是必然的客观规律。但这并不能说明家族企业就是现代的、健康的。作为一个新生的经济组织，家族企业经历了飞速发展的创业期，也确实暴露了许多问题，比如管理粗放、技术落后、战略模糊、制度缺失，家族企业的健康发展急需社会理论体系的指引和帮助。《2012中国家族企业健康指数报告》第一次提出了家族企业健康生态系统理论，以动态的、系统的、互动的视角来看待影响家族企业健康发展的诸多因素，并提出评估和衡量家族企业健康状况的三个维度和九个健康元素。同时，研究中提出的“传承鸿沟”“信任稀薄”“规划屏障”“标签模糊”等概念对家族企业发展的问题进行了精炼的总结和概括。

方太一边创业，一边传承，一边转型，在实践中摸索出了一条“建立现代家族企业”的路，成长为行业的领导者，但仍然面临许多难题。这份报告对像方太这样的家族企业具有重要的、实践性的指导意义。达到报告标准的家族企业必

然是现代家族企业。这样的家族企业在体制上符合市场经济规律，是最有生命力的，在管理上能够与德国的隐形冠军这样的公司匹敌，在文化上能够融入中国特色社会主义价值体系，在责任上完全符合共产党执政为民、富民强国的理念。

这份健康发展报告所探寻的中国家族企业健康力量，不仅是老一代企业家“创业艰难百战多”的苦求之路，也是未来一代接班人不可或缺的企业家精神。我更愿意看到，在家族企业研究和促进家族企业发展的过程中，有愈来愈多的新生力量，共同来为中国家族企业的健康发展而努力！

目　录

CONTENTS

第一章　研究设计与理论基础　/ 1

第一节　研究意义　/ 3

第二节　研究方法　/ 3

第三节　理论基础　/ 5

第二章　家族企业的研发创新　/ 9

第一节　核心发现　/ 11

第二节　理论基础　/ 12

第三节　研发投入的价值效应　/ 15

第四节　研发投入现状及差异　/ 18

第五节　二代参与和研发投入　/ 26

第六节　典型案例　/ 30

第三章　家族企业的多元发展　/ 41

第一节　核心发现　/ 43

第二节　理论基础　/ 44

第三节　多元化的价值效应　/ 46

第四节　多元化现状及差异　/ 49

第五节　二代参与和多元化　/ 58

第六节　典型案例　/ 61

第四章　家族企业的国际布局　/ 75

第一节　核心发现　/ 77

第二节　理论基础　/ 78

第三节　国际化的价值效应　/ 87

第四节　国际化现状与差异　/ 88

第五节　二代参与和国际化　/ 92

第六节　典型案例　/ 95

第五章　家族企业的战略变革　/ 113

第一节　核心发现　/ 115

第二节　理论基础　/ 116

第三节　战略变革的价值效应　/ 118

第四节　战略变革现状及差异　/ 120

第五节　二代参与和战略变革　/ 125

第六节　典型案例　/ 128

后　记　/ 141

第一章 研究设计与理论基础

第一节 研究意义

改革开放以来，中国的民营经济取得了长足进步，成为推动国民经济发展、劳动力就业和社会进步的重要生力军。而从企业所有权结构、经营决策权的分布以及企业主家族对日常运营的参与程度等不同角度来看，我国的民营企业都表现出鲜明的家族化特征。经过30多年的发展，大部分民营企业已开始进入第一代向第二代更替的关键时期，一大批一代创业者即将退休，越来越多的家族二代成员将接过企业和家族财富的权杖。然而，虽然年轻一代普遍拥有更高的教育和学历背景，家族成员却往往缺乏实际的管理经验，使得家族传承过程伴随着阵痛。

除了传承过程本身的复杂性以外，宏观经济形势也使得本就崎岖的传承之路更加艰难。目前，全球经济进入缓慢复苏期，一向高歌猛进的中国经济也面临GDP增速放缓和出口下滑的难题。对于许多以制造业等传统行业为主的中国家族企业而言，在全球经济不景气的形势下寻求自主创新和转型升级刻不容缓。在这一特殊时期，家族企业需要同时面临产业升级和领导权更替两大挑战。

在上述背景下，从跨代创业的视角去分析中国家族企业的健康发展状况，探寻推动家族顺利实现代际传承和延续的有效路径，对于家族企业的理论研究和社会经济发展都具有重要意义。

第二节 研究方法

本研究采用了定性分析和定量分析相结合的方法，包括文献研究、半结构化访谈和二手数据分析三种研究方法（见图1–1）。

文献研究　　访谈研究　　二手数据研究

文献搜集整理:	定性探索论证:	定量研究分析:
◎搜集文献资料	◎搭建理论框架	◎获取定量数据
◎提出研究猜想	◎确定测度指标	◎数据统计分析
◎头脑风暴讨论	◎访谈印证修订	◎撰写研究报告

图1-1　研究方法

1. 文献研究法

文献研究法是指根据一定的研究目的或课题需要，通过查阅文献来获得相关资料，全面、正确地了解所要研究的问题，找出事物的本质属性，从中发现问题的一种研究方法。文献研究法是课题研究中最常用的方法。本次研究着重搜集和整理家族企业以及企业健康发展的国内外文献资料，为提出假设及发动内部头脑风暴提供理论支撑。而在企业个案研究中，企业发展历史、媒体采访报告等二手资料的收集减少了时间和空间的限制，更加有利于对家族企业的长时间跟踪和经验总结。

2. 半结构化访谈

本研究主要将半结构化访谈应用于家族企业案例研究中，对被访企业的关键人物和相关人物进行访谈，了解影响家族企业健康的主要因素并进行对比分析。半结构化访谈是一种基于结构化问题的、直接的、一对一的访问，通过掌握访问技巧的研究人员与受访对象进行交流，运用研究人员的调研经验和坦诚沟通方式，洞察受访者对某一问题的潜在动机、信念、态度和情感，挖掘真实材料。每次访谈的时间控制在2个小时左右。

浙江大学家族企业研究团队长期跟踪的部分案例研究成果也纳入了本研究报告中。该团队由一批国内较早从家族视角观察民营企业成长的学者和博士生团队组成，采用案例研究的方式，通过深度访谈记录企业家的言行，长期跟踪案例企业的发展和变化。

3. 二手数据研究

正如我们在前言中所说，为了确保研究对象的相对稳定性和数据获取的及时可靠性，课题组从2017年开始将主要使用中国上市家族企业的数据来开展相关的研究工作。除了上述两个优点之外，二手数据还更加有助于团队内部研究资料的积累以及在更大范围内的分享，同时在未来的研究过程中还有被再次分析和利用的可能性。在本年度的研究报告中，我们使用了2009—2015年的300余家家族上市公司（具体数量在不同模块的研究中因数据缺失情况的差异而略有区别）的公开数据。有关样本企业的具体信息，我们将在不同的专题模块进行详细的报告，在此不再赘述。

第三节 理论基础

本研究的家族企业健康概念是对家族企业与企业健康这两个概念的融合创造。企业健康是指企业在体现竞争力的制度、文化、绩效等方方面面的技能水平。在外部环境的框定下，企业家个人、企业主家族以及企业的互相影响不断交互，共同构成影响家族企业健康的生态系统（如图1–2所示）。本研究采用家族影响力概念，认为家族企业是家族在股权、决策权和/或核心领导岗位等方面占据主导地位的民营企业。在家族企业中，家族对企业的经营和发展具有决定性的影响力。

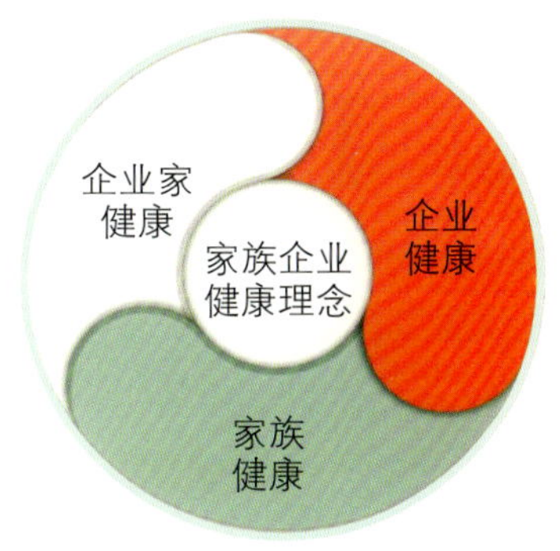

图1–2 家族企业健康理念

维持家族企业健康生态系统的良好运转，需要家族、企业、所有权、环境、利益相关者五方面的良好互动与平衡。家族企业健康的“三环”——企业家、家族、企业，环环相扣，却又各自独立。在家族企业发展的过程中，不仅需要处理好这三环的关系，还需要依托于所处的外部环境，探寻适合家族企业自身的永续发展之路。

由于家族企业根植于家庭，家族成员之间的关系以及家族所有者的价值观对企业发展都具有重大影响。如何进行家族治理，维持家族内部的和谐，传递家族持有的价值观，是家族企业这棵树能否枝叶长青的关键所在。

1. 企业健康生态系统理论

在家族企业领域开山之作《如何保持家族企业的健康》（1987）中，作者John Ward提出了家族企业的健康这一概念，并且把它看作是家族企业长期发展的关键所在。他认为，保持家族企业的健康需要在诸多方面未雨绸缪，维持企业的长期成长和获利能力。而且家族企业健康的特殊之处在于，除了需要关注企业的成长和获利之外，还需要维持家族对企业的领导。维持家族领导具体分为两个方面：一方面企业需要能持续吸引家族成员的参与兴趣；另一方面家族需要在企业的战略和发展中扮演好自己的角色。简而言之，健康的家族企业应该具有长期成长性，具备稳定的获利能力，且在稳定的家族领导之下，维持稳定的家族影响力和企业技能水平。

生态系统的概念是由英国生态学家坦斯利（A. G. Tansley，1871—1955）在1935年提出来的，指在一定的空间和时间范围内，在各种生物之间以及生物群落与其无机环境之间，通过能量流动和物质循环而相互作用的一个统一整体。

借鉴生态系统的概念，“企业健康生态系统理论”创建了企业健康生态系统的两大原则：

（1）只有当企业家、企业、商业环境三者之间保持良好的互动和反馈，并充分发挥各自的功能时，才能形成企业健康发展的生态系统；

（2）企业健康系统的运作来自系统内部不同要素之间的相互作用，而且在一定程度上这些因素可以作为改进家族企业健康措施的依据。

2. 三环模式

三环模式指由企业、所有权和家族构成的三个独立又相互交叉的家族企业系统。这一概念最早是由盖尔西克等在《家族企业的繁衍》一书中加以系统阐述，并利用三个环把它表现出来的。家族企业里的任何个体都能被放置在由子系统相互交叉构成的7个区域中的某一个位置（见图1-3）。

与企业仅有一种联系的人应该在第1区域（家族成员）或第2区域（所有者）或第3区域（全部雇员）；是家族成员但非雇员的所有者处于区域4，即所有权和家族的交叉部分；在企业工作但非家族成员的所有者在第5区域；家族成员在企业工作但非所有者的应在第6区域；既是家族成员又是雇员的所有者处于中心区域7。

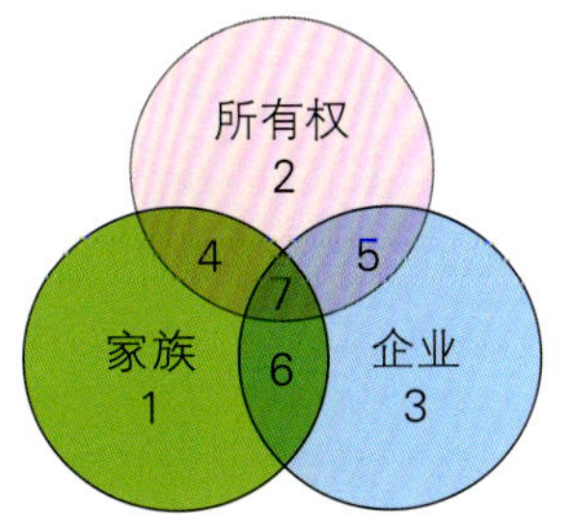

图1-3　家族企业的三环模式

三环模式具有严密的理论性和高度的实用性。它明确了家族企业中个人或组织的职责以及权力的界限。在家族企业不同的生命周期，三个维度亦会呈现出不同的发展特征。在企业的初级阶段，借助于家族或类家族（如同学、朋友）的资金、人力资本、关系网络等资源，创始人亲力亲为，既是所有者又是管理者，此时家族、企业和所有权三个系统高度重合。随着企业经过了高风险的创业阶段进入成长期后，“外脑”、非家族职业经理人、投资者开始参与到家族企业的经营和管理中，所有权和管理权两个系统互相分离，但创始人还能通过关键的股权和/或管理权牢牢掌握控制权。到了企业的成熟阶段，应继续处理好集权与分权的关系。一方面，这个阶段的创始人或者后代接班人致力于掌握企业的前行方向，聚焦长远规划，企业的经营由专业化经理人团队负责；另一方面则要防止整个组织产生权力“失控危机”。家族利益和企业利益的交织是企业获得持续竞争力的源泉，但家族企业的衰退和危机往往来自家族系统，当企业在面临变化时，特别是在企业交接班过程中企业会变得异常脆弱，家族矛盾和冲突成为制约企业生存的最大障碍。

3. 利益相关者理论

利益相关者理论是一个以企业与社会价值观为中心的商务道德和组织管理理论。该理论认为，企业是其与各种利益相关者结成的一系列契约，是各种利益相关者协商交易的结果。无论是投资者、管理者、员工、顾客、供应商，还是政府部门、社区等都对企业进行了专用性投资并承担由此所带来的风险。因此，为了保护企业的持续发展，除了股东以外，企业也应当向其他利益相关者负责，在治理过程中要兼顾内部和外部有关权益主体的利益。这一理论最早是由罗伯特·爱德华·弗里曼（R. Edward Freeman）在1984年出版的《战略管理：一个以利益相关者为起点的方法》中详细阐述的。

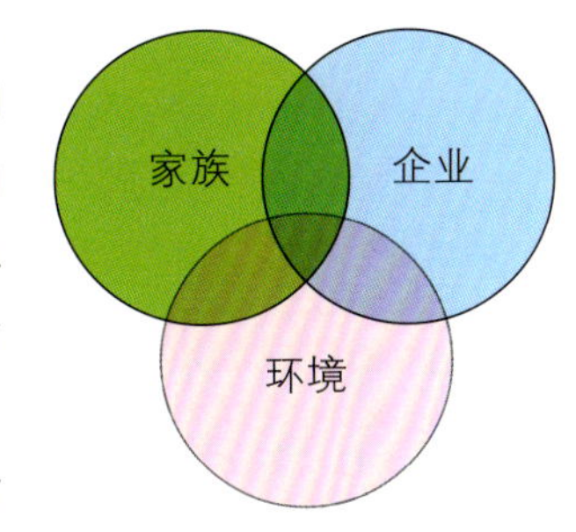

图1-4 家族企业的利益相关者

根据此理论，家族企业的利益相关者包括三个方面：家族、企业和环境（见图1-4）。家族企业成长的第一核心要义是保持家族的和谐，并依此为基础，实现企业的可持续发展。而环境则是家族企业发展的重要外部因素。三环模式中的七种身份亦是家族企业的不同身份的利益相关者，同社区、环境等利益相关者一起，构成影响家族企业行为和发展的重要因素。

4. 家族企业树理论

家族企业树的概念由Sabine Klein与John Ward于2011年在其共同发表的《将家族保持在家族企业中》一文中提出。他们认为，以树的结构来描绘一个家族企业，有助于指明家族企业所面临的生存挑战。该理论基于一个简单的法则——家族企业治理体系的复杂性必须同与其匹配的家族企业体系的复杂性一致，皆应该包含四个子体系，即家族、所有权、领导权和处于市场竞争中的企业（见图1–5）。

图1–5　家族企业之树

家族企业基业长青愿景能否实现取决于家族企业能否得到良好的“营养”。对于家族企业这棵树而言，需要健康的根基为其提供一个基于共享价值观的远景。只有这样，才能使树干具备稳定性，并且能够在强度和灵活性上提供给企业领导者必要的支持。也只有在满足了上述条件之后，家族企业才能够满足市场对其的要求，并且能够主动采取行动以塑造未来的市场。简而言之，树叶必须与其所处的环境相符合，否则这棵树将会过早死亡。该理论强调家族企业之根，即创始家族所留下的无形资产，对于保持家族企业健康的重要性。依据家族企业树理论，一个健康的家族企业应该根植于全体家族成员共享的价值观和规则，这些价值观和规则对于家族企业的生存发展至关重要。如果共享的价值观和规则能够在家族成员中很好地传递下去，家族后代就可以继承前辈的无形资产，从而保持企业的核心竞争力。

第二章

家族企业的研发创新

第一节　核心发现

1. 中国上市家族企业的研发创新总体处在中等水平

本研究从307家上市家族企业2009—2015年的面板数据中发现，总体来看，有一半的上市家族企业的研发投入强度在2%～5%，属于中等研发强度，可以维持现有的生存水平。研发投入强度在5%的上市家族企业有15.72%，这部分企业在市场上是比较有竞争力的。仍有21.21%的上市家族企业的研发投入强度在1%以下，这部分企业在激烈的市场竞争中很容易处在劣势位置，要想保持一定的生存能力，需要提高对创新投入的重视程度。

具体来看，处于不同发展水平地区的上市家族企业的研发投入强度存在显著差异。上市家族企业所在的地区越发达，上市家族企业就越重视研发活动，研发投入更高。不同年龄的上市家族企业的研发投入强度也有着显著的差异。成立时间在11～15年的上市家族企业的研发投入强度最高。此外，随着上市家族企业规模的扩大，其研发投入强度会越来越大。

2. 股权和管理权双重涉入的家族企业研发创新水平最高

相对于非家族企业，家族因素会对家族企业的经营战略产生影响。从家族的参与程度来看，同时有股权参与和管理权参与的上市家族企业的研发投入强度（3.69%）显著高于仅以股权参与的上市家族企业的研发投入强度（2.82%）。从一代创始人的年龄分布来看，不同年龄段的一代创始人所在的上市家族企业的研发投入强度存在显著差异，其中，41～50岁的一代创始人所在的上市家族企业的研发投入强度最高，为4.01%。从一代创始人的受教育程度来看，教育程度越高，他们对研发活动越重视，更加支持企业提高创新能力，加大对研发活动的投资。

3. 二代参与显著提升中国上市家族企业的创新水平

家族企业的一个重要特征是追求代际传承。在我们分析的样本中也有半数以

上的家族二代不同程度地参与了公司的运营。数据统计分析显示：家族二代对企业股权的参与会显著影响上市家族企业的创新能力的培育，二代有股权参与的上市家族企业的研发投入强度明显高于二代无股权参与的上市家族企业。同时，二代有管理权参与的上市家族企业的研发投入强度也显著高于二代无管理权参与的上市家族企业。这说明，家族二代涉入企业，总体上会有助于提升家族企业的研发创新投入。有意思的是，二代的性别对上市家族企业研发投入强度并没有显著影响，这与人们日常的直觉感知似乎存在较大的出入。

第二节　理论基础

在经济日益全球化、竞争日益白热化的今天，创新已经成为经济领域的最热门词汇之一。中国企业在改革开放后赖以发展的低成本优势已经不再有效，劳动力成本、环境成本和资源成本急速上升，大量中低端制造业已经转移到东南亚及亚非拉的广大发展中国家，高端制造业也有了回流发达国家的明显趋势。在这一情况下，如何构建新的市场竞争优势、转换发展动能已成为中国企业急需解决的核心问题。根据发达经济体的发展经验和全球产业转移的历史轨迹，不管是宏观经济还是微观企业，创新都是实现发展转型的不二法门。

自党的十一届三中全会以来，我国经济建设的指导思想不断发展和演进。1995年，党的十四届五中全会提出了“转变经济增长方式”的思想。2007年，党的十七大报告进一步提出了“加快转变经济发展方式”，党和政府将科技进步和创新作为经济建设发展的主线，提倡以“创新”来驱动经济发展。党的十八大之后，以创新推动经济转型和企业发展已经落实为政府自觉的经济发展政策，“大众创业、万众创新”成了时代强音。2014年，在达沃斯论坛上李克强总理表示，要大力破除对个体和企业创新的种种束缚，形成“人人创新”“万众创新”的新局面，推动中国的发展走上新水平，并进一步指出：“创新不单是技术创新，更包括体制机制创新、管理创新、模式创新。中国30多年来改革开放本身就是规模宏大的创新行动，今后创新发展的巨大潜能仍然蕴藏在制度变革之中。”从李克强总理的讲话中可以看出国家和政府对于创新的重视，可以说，从整个国家的宏观层面来讲，创新是经济增长的重要源泉。

创新是发展的动力源泉，而创新的主体是企业。从微观层面来说，企业作为经济发展的主要参与者之一，要想在竞争日益激烈的市场环境中保持永续经营，创新是必不可少的。随着外界环境的变化，市场中很多企业只是昙花一现，也有很多企业在市场中生存下来，成为百年老店，创造了巨大的社会价值。是什么因素让这两种企业有截然相反的命运呢？在激烈的竞争环境中，企业找到适合自己发展的市场缝隙以求生存实属不易，能在狭缝中生存必有一技之长。但是，如果企业在市场中占有一席之地后就满足于现状，不思进取，不求改变，故步自封，那么早晚会被其他企业或竞争者超越甚至取代。这是因为市场环境时刻在发生改变，企业如果跟不上市场需求的变化，就会遭到淘汰。因此，在快速变化和竞争激烈的经营环境中，要想避免发生这种悲剧，企业需要不断地自我更新，以求生存和发展，不断提高自身的创新能力。可以说，创新已经成为企业把握市场机遇，应对各种挑战，进而建立和保持竞争优势的重要方法。

对于广大的家族企业，创新更是企业转型升级的重要主题。大部分家族企业都身处工业和服务行业的下游环节，主要的经营活动局限于简单的加工装配和贸易业务，企业的生存和发展主要依靠企业主的敏锐性和控制家族不计辛劳的投入。然而，这几年的全球经济发展趋势已经表明，处在新常态下的中国家族企业，纯粹依靠企业主的敏锐性和家族的牺牲已经不足以确保企业的长期生存与发展。“脱实就虚”的转型策略虽然获得了短暂的经济回报，但频繁的宏观调控和激烈的市场竞争已经表明，这是一种饮鸩止渴的短期行为。创新并不意味着抛弃已有的基础，相反，大量的创新都是在已有资源的基础上，实现新的组合，产生新的价值。因此，转型升级并不需要家族企业完全另起炉灶，转到新的行业，它需要的是家族企业重新组合企业内外的资源，采取更加开放的合作态度，促进企业新的发展。

当前，大量家族企业处于一代向二代传承交接的关键时期，开展依靠创新的跨代创业具有现实的可能性。通常情况下，二代接班人往往受过更好的教育，不少接班人获得了硕士、博士学位，也有不少有海外留学经历，他们在受教育程度和专业人力资本方面比第一代创业者具有明显的优势，特别是在科学技术水平、系统化的管理技术理论、现代金融知识和全球视野等方面。在跨代创业过程中，这些优势资源往往能够给接班人以新颖的视角来审视上一辈创业者的企业经营行为，发现产品、流程、管理以及战略方面存在的问题，提出和执行与时俱进的解决方案。当然，这种优势只是提供了跨代创新的可能性，当且仅当一代和二代能够有效配合、家族利益与企业利益能够兼容的情况下，这种可能性才会变成必然性。

当下，无论是国家政府还是企业自身，都看到了创新所蕴含的巨大能量。在学术界，创新也受到了学者的广泛关注。有学者（Benner和Tushman，2003）

根据March（1991）在组织学习领域的研究，基于知识和客户或市场，认为企业内部存在两种不同类型的创新，即利用式创新和探索式创新，这两种创新对企业的持续运营和企业的变革都是至关重要的。其中，利用式创新建立在既有知识的基础上，对现有的知识、技能等进行挖掘，是一种小幅度的渐进式的创新行为。企业通过利用式创新，改进现有的产品设计，扩张和丰富现有的产品线，提高现有的分销渠道的效率，为现有的客户提供更加优质的服务，可以在短期内获得较高的回报。而探索式创新是对新事物的发现和尝试，是一种大幅度的激进式的创新行为。企业通过探索式创新，设计出新产品，开辟新的细分市场，发展新的分销渠道，为新的客户提供服务，而这些一般在较长的时间之后才会获得回报。所以，企业要想在激烈的竞争中获得生存和发展，一方面，要通过利用式创新不断更新并完善已有的产品和服务，满足现有客户和市场的需求，另一方面，也要开发出新产品和新服务来满足新客户和新市场的需求。

实践证明，这两种创新方式对提升企业的绩效都有积极作用。利用式创新可以提高短期的效率，增加当前的收入；探索式创新可以增强企业长期的竞争力，增加未来的收益。我国经济发展比较迅速，许多产业的市场规模和需求较大，不论是对现有产品和工艺进行改进，还是采用新技术开辟新市场，都能有力地促进企业绩效的提升。

然而，企业要想进行这两种创新活动，不管是对现有产品和服务的改进，还是新产品的开发研制，都要投入大量的资源，其中最重要的就是研发投入。研发投入是影响企业创新能力的决定性因素，是提高企业创新能力、增强企业学习能力的重要途径。一方面，研发投资能产生新知识，增加企业的知识存量，增强企业的吸收能力，形成无形资产；另一方面，研发投入能创造出新产品、新工艺，使企业能够在激烈的市场中脱颖而出，提高盈利水平。当企业的资产越来越多、营利能力越来越强时，又会促使企业将更多的资源投入研发活动，从而进一步提高其竞争地位，形成一个良性循环，为企业创造价值。

但是，研发是一个艰辛的过程，需要付出巨大的努力。首先，研发是一个持续时间很长的过程，在这个过程中需要大量人力、物力和财力等资源的投入。在研发的前期，需要投入大量的资源，但是可能的结果是收益甚微。在研发得到成果之后，为了保持领先地位，企业还要不断地投入。其次，研发的不确定性很强。比如探索性创新的研发是一种创造性的研发过程，对技术和产品进行彻底的革新，周期较长，所以不确定性较高，使得研发也是一种高风险的活动，很容易面临没有研发成果的局面。但是一旦研发成果受到市场的认可，那么企业的收益也会有很大程度的提升，企业绩效会有较高的增长。

现有关于研发投入与企业绩效之间的关系的研究文献比较丰富。对于两者之间的直接关系，文献主要探讨了企业的研发投入与企业的生产率、企业的市场价值和企业的会计业绩之间的关系（任海云、师萍，2010）。大部分研究认为，在其他条件一致的情况下，研发投入与企业绩效之间有显著的正相关关系。如果研发投入不足，势必会影响到企业的创新能力，进而影响企业的绩效。随着研发投入的增多，产品和服务得到更新完善，能更好地满足市场和客户的需求，有利于企业绩效的提升。但是，本研究认为，研发投入对企业绩效的影响并不总是积极的，也会出现负面效应。这是因为，如果将过多的资源投入研发模块中，由于边际效用递减，很多资源不会得到有效利用，这就会造成资源浪费，增加研发成本。而且，由于溢出效应的存在，当研发投入过多时，企业可能并不能获得全部创新的收益，而是遭到竞争者的模仿，面临更为激烈的竞争。因此，本研究认为，在其他条件相同的情况下，研发投入与企业绩效之间的关系呈现一种倒U形关系，即企业绩效会随着研发投入的逐渐增加而提高，在某一点达到最大，如果研发投入继续增加，那么企业绩效会出现下滑的趋势。在接下来的部分，本研究会对样本数据进行分析，证明倒U形关系的存在。

当然，有很多因素会影响研发投入与企业绩效之间的关系。从现有研究中可以看到，主要有企业规模、公司治理、融资环境等因素会对两者之间的关系产生影响（任海云、师萍，2010）。在家族企业中，除了来自企业的因素，也会有家族的因素，会影响家族企业的研发投入与绩效之间的关系。因为一般认为家族企业在做出战略决策时会更加谨慎，对研发项目的态度更加理性。而且家族成员对企业的情感依赖比较强，会在研发投入转化为绩效的过程中起到更强的监督作用，以节约研发成本。除此以外，家族关系形成的社会资本，会为研发的转化提供更多资源。由此可以推测，家族企业的研发活动对企业绩效的影响可能会与非家族企业存在差异。

第三节　研发投入的价值效应

创新是企业发展的不竭动力，在基业长青的家族理念引导下，家族企业通过持续不断的创新，才得以在我国的经济市场上占据重要席位。家族企业的创新活动对于家族企业的长期生存和繁荣具有重要意义，而家族企业的研发投入可以反映出家族企业对于创新能力的重视程度。这是因为创新不仅包括技术创新，也包括管理创新和战略创新等其他类型的创新。根据久负盛名的《牛津创新手册》的说法，在学术研究和日常交流中，大部分的创新指向都是技术创新。创新是一个昂贵的过程，决定企业创新水平的最主要因素是研发投入。因此，研发投入往往就成了表征企业创新水平的最直接指标。本研究使用2009—2015年的307家上市家族企业的面板数据，共2053个观测值，对其研发投入状况进行分析。值得注意的是，上市的家族企业在所有家族企业中是非常优秀的一部分，还有一部分家族企业是没有上市的，本研究很难获取这部分家族企业的数据，所以，本研究的结论适用于上市的家族企业，对非上市的家族企业，结论是否仍然成立，还需要进一步探索。

由于研发投入会受到企业规模等多种因素的影响，所以研发投入的资金数额并不能代表研发投入的大小。一般来说，企业的研发投资占销售收入的比例可以反映出企业的研发投入强度。按照欧盟的统计标准，研发投入强度5%以上的企业属于高研发强度企业，这种企业一般会有较高的研发竞争力优势。如果企业要维持现有的生存状况，研发强度至少要保持在2%以上。而研发强度不足1%的企业将很难维持生存，很有可能在市场竞争中遭到淘汰。对本研究使用的样本数据进行统计分析，得到2009—2015年样本中的上市家族企业的研发投入强度的趋势图（见图2-1）和每组研发投入强度平均值的分布图（图2-2）。从这两个图可以看到，不管哪一年，研发投入强度在2.01%～5%的上市家族企业占比最多，在50%左右上下浮动，这部分企业可以维持现有的生存水平。高研发强度的上市家族企业占比15.72%左右，但仍有平均21.21%的上市家族企业的研发投入强度在1%以下。从总体上来看，虽然创新已经受到广泛重视，但是我国上市家族企业实际的创新投入仍然相当薄弱。

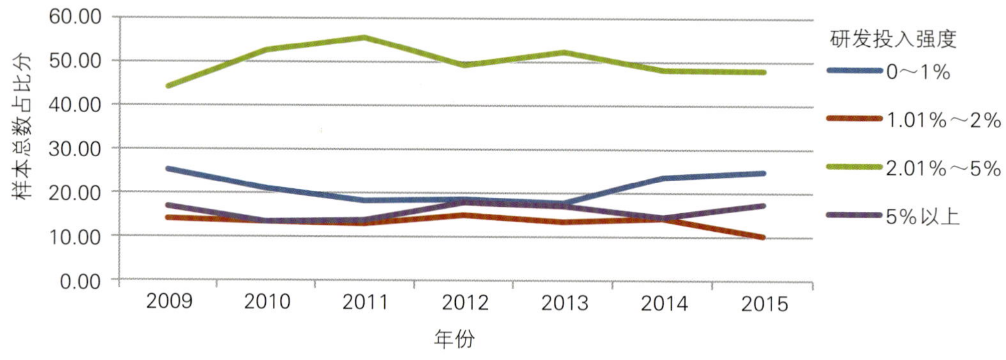

图2-1　2009—2015年上市家族企业研发投入强度趋势图

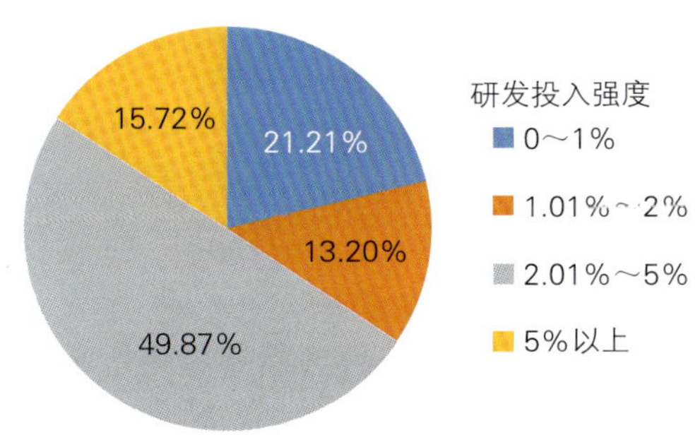

图2-2 2009—2015年上市家族企业平均研发投入强度状况

当然，也有研究（Duran等，2016）表明，虽然家族企业的研发投入普遍较低，但是家族企业特别善于有效利用资源，有较高的创新转换率，所以研发产出相对于非家族企业会更高。Duran等（2016）通过对来自42个国家的108项研究进行分析，认为产生这种现象的原因有三：第一，家族企业所有者的财富集中在家族企业中，财富集中度很高，他们一般会规避风险和不确定性，所以对不确定性高的创新项目的财务资源投入会相对较少，同时，为了进一步降低不确定性，家族所有者会更加注意监督研发创新的效率，所以研发产出相对非家族企业会更高；第二，由于家族所有者对家族企业有高度的控制权，可以强制实施自己的投资偏好，并且，家族企业的所有者为了不降低自己的控制权，一般不愿意增加负债或者进行外部融资，所以用于创新活动的资源会受到限制；第三，家族企业不同于其他企业的一个重要特征是对非经济目标十分关注，比如建立和保持与企业内外部利益相关者的长期信任关系，随着时间的推移，家族企业会发展出长期的、可靠的内外部网络关系，带来丰富的资源和知识，有利于创新的转换，使研发产出较高。综上所述，虽然有很多家族企业的研发投入强度并不高，但是由于家族企业的独特性，创新的转换率很高，所以研发产出会相对较高。

作为世界第二大经济体的中国已经进入了科技创新的快车道，与发达国家在研发投入上的差距正在逐渐缩小。同时，我们也要清醒地认识到，中国的家族企业在研发投入强度上还有很大的提升空间。在国家鼓励创新的市场环境下，家族企业可以根据自身的能力，加大对研发活动的投入，提升企业的创新能力。

理论上，大部分文献表明企业的研发投入强度与企业绩效之间呈正相关关系，但是本研究认为家族企业的研发投入强度与企业绩效之间的关系是呈倒U形的，即随着研发投入强度的增大，企业的绩效会提高，在某一点会达到峰值，当继续加大研发投入强度，企业的绩效并不会继续提高，反而呈下降趋势。也就是说，在数理上企业绩效是研发投入强度的二次函数。那么在实证上，为了证明本研究的观点，本研究利用样本中的上市家族企业披露的财务数据，用统计分析软件，对数据进行回归分析。具体来说，本研究使用TobinQ的值来指代上市家族企业的价值，作为回归方程的因变量，由于研发活动一般来说不会在当年就有产出，会有一年的滞后期，所以本研究使用滞后一期的研发投入强度和滞后一期研发投入强度的二次项作为自变量，控制其他可能影响上市家族企业价值的因素，包括年份、企业规模、企业年龄、行业、所在地区发达程度等，进行回归分析。通过数理统计分析，本研究发现滞后一期的研发投入强度与上市家族企业价值之间确实呈现出一种倒U形关系（见图2-3）。在研发投入强度较小时，适度增加研发投入能够提高上市家族企业价值，而当研发投入过多时反而会损害上市家族企业价值。

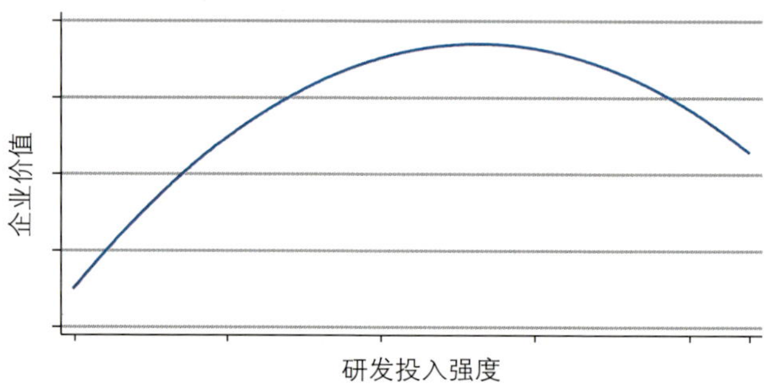

图2-3　研发投入强度与上市家族企业价值之间的关系

第四节　研发投入现状及差异

不同家族企业的研发投入强度有很大的区别，那么有什么因素会影响家族企业的研发投入呢？有大量研究表明，家族企业一般被认为是传统企业，会比较偏向保守战略，相对于非家族企业会更少地进行研发投资（转引自Patel和Chrisman，2014），很少进行创新活动。这是因为创新活动一般是高风险的活动，不确定性高，一段时间之后才可能产生实质性的成果，结果是很难预测的。而家族企业一般是风险规避型的企业，不愿意冒很大的风险将资源投入到创新活动中。而且研发创新需要大量的财务资源，家族企业内部的资源有限，由于不想稀释家族所有者的控制权，所以家族企业一般不愿意进行外部融资，这限制了对研发创新活动的投入，造成家族企业的研发投入强度相对非家族企业更小。在我国，很多企业也不愿意进行研发，其中一个重要的原因是目前政府对知识产权的保护力度不够，企业投入大量资源进行研发创新，可是新开发的产品很容易被竞争对手复制并以低价格出售，形成恶性竞争。但是，也有研究表明，在欧洲，大多数进行创新活动的企业都是家族企业（Duran等，2016）。一方面，家族企业是更加长期导向的，会注重企业的长远发展，所以会特别重视研发创新活动；另一方面，家族企业注重社会情感财富，寻求与外部利益相关者建立持久的伙伴关系，形成一种社会网络，而这种社会网络可以使家族企业更容易感知到外部机会，获得更多的资源和知识，从而有利于创新活动。综合以上的分析，在学术研究中，不同家族企业的研发投入强度是存在显著差异的，有高有低，那么造成这种差异的因素有哪些？本研究按照环境因素、企业因素、家族因素和个人因素对样本中的上市家族企业进行分析，探究在这些因素不同的情况下，上市家族企业之间的研发投入强度是否有显著差异。

1. 环境因素影响

首先，行业不同，研发投入强度可能会存在差异。根据此次研究的样本特征，本研究将样本中的上市家族企业分为制造业和非制造业，探究制造业与非制造业的上市家族企业的研发投入强度是否有差异。根据数据分析可以看到，非制造业的上市家族企业研发投入强度为3.50%，而制造业的上市家族企业的研发投入强度为3.42%（见图2-4），两者之间的差距并不大。该结果表明，制造业与非制造业的上市家族企业之间的研发投入强度并没有显著的差异。本研究认为，制造业企业对研发的投入可能更多的是利用式创新，而对研发活动更加重视的企业更多的是高新技术企业，此次研究使用的样本企业有79.5%为制造业企业，没有捕获更多的高新技术企业的数据，所以会有制造业与非制造业上市家族企业的研发投入强度没有显著差异的数据结果。在未来的研究中，我们会收集更多不同行业的数据信息，分析不同行业的家族企业之间的研发投入强度是否存在差异。

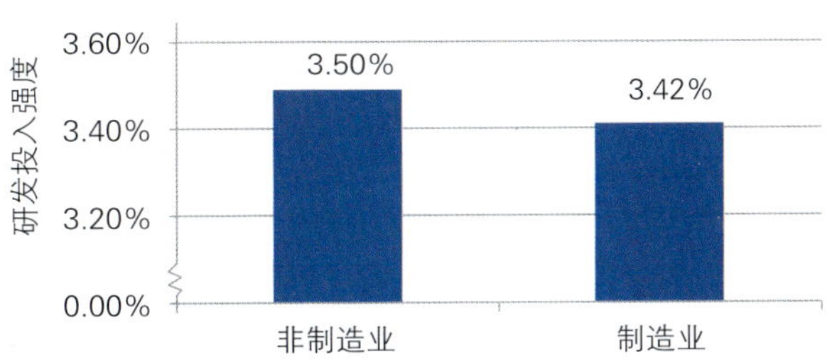

图2-4 按行业划分的上市家族企业研发投入强度比较

其次，我国各地区的经济发展水平不一，所以不同地区的上市家族企业研发投入强度也可能存在差异。本研究根据樊纲和王小鲁2016年的《中国市场化指数》将中国34个省（市、自治区）划分为高发达地区、中等发达地区与欠发达地区。数据统计结果显示，在不同发展水平的地区的上市家族企业，他们的研发投入强度存在显著差异。其中，高发达地区的上市家族企业的研发投入强度为3.57%，中等发达地区的上市家族企业的研发投入强度为3.01%，欠发达地区的上市家族企业的研发投入强度为2.09%（见图2-5）。也就是说，上市家族企业所在的地区越发达，上市家族企业就越重视研发活动，研发投入强度更大。可能的原因是，一方面，处于高发达地区的上市家族企业，面临的市场竞争会更加激烈，更加需要创新能力来改善现有产品和服务，开发出新产品和服务，满足市场的需要，所以会更加看重研发活动。并且，在高发达地区的上市家族企业会有更多的资源和信息，能更好地进行研究开发。另一方面，高发达地区的市场机制更加完善，企业的创新价值更容易得到体现，能更好地获得创新回报，所以高发达地区的上市家族企业的研发投入强度会更大，而欠发达地区的制度不完善，导致该地区的上市家族企业在其他方面的投入回报更容易超过创新回报，所以会减少研发投入。

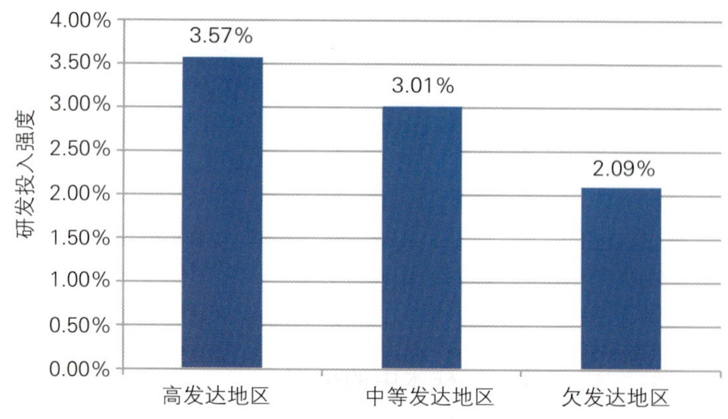

图2-5　按地区划分的上市家族企业研发投入强度比较

2. 企业因素影响

首先，企业成立时间长短会对研发投入产生影响。一般来说，随着公司成立时间增长，其对研发创新的理解会有所不同，所以研发投入强度会发生变化。本研究对样本中的上市家族企业按成立时间进行分类，分析其研发投入强度的变化，如图2-6所示。可以看到，上市家族企业的年龄不同，研发投入强度有显著差异。

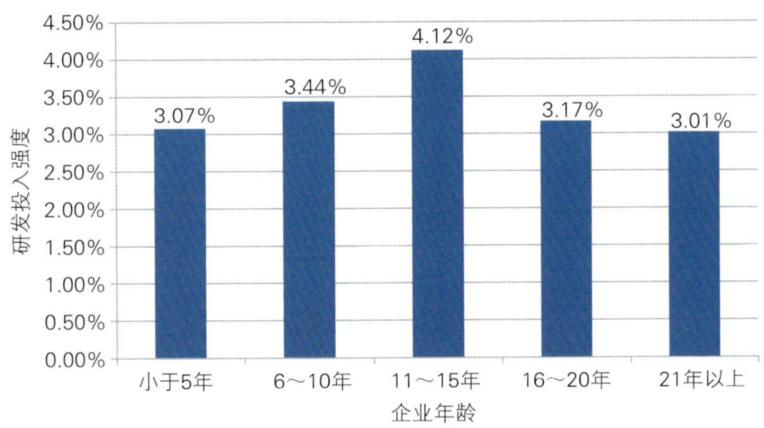

图2-6 按上市家族企业年龄划分的研发投入强度比较

具体来说，新创企业在慢慢成长的过程中会逐渐加大对研发的投入力度，说明随着上市家族企业的成长，对研发创新越来越重视。成立时间在11～15年的上市家族企业的研发投入强度最高，有4.12%。但并不是上市家族企业年龄越大，研发投入强度就越大，成立16年以上的上市家族企业，研发投入强度会随上市家族企业成长而减小。本研究认为，可能的原因在于，家族企业成立时间越长，越容易熟悉和掌握行业信息及市场动态，能够结合市场信号进行更为快速和准确的市场预测，所以对研发投入强度的预估会更加准确，更能充分利用投入到研发创新活动中的资源，有利于提高创新转换率，获得较高的研发产出。

其次，本研究考察了不同规模的家族企业研发投入强度的差异。本研究将样本中的上市家族企业按照员工人数进行规模划分，员工人数在100人以下的企业为小规模企业，员工人数在100人以上500人以下的企业为中规模企业，员工人数在500人以上的企业为大规模企业。由图2-7可以看到，不同规模的上市家族企业，研发投入强度有显著差异。样本中的小规模上市家族企业的研发投入强度为0，可能的原因是小规模的上市家族企业，资源相对较少，没有足够的资源进行创新活动。中等规模的上市家族企业研发投入强度为1.91%，大规模上市家族企业的研发投入强度为3.56%，说明随着上市家族企业规模的扩大，研发投入强度会越来越大。原因可能是随着上市家族企业资源越来越多，其能负担起的研发活动的经费越来越多，因而能够促使上市家族企业进行风险更高的研发投入活动，而且大规模上市家族企业能够获得研发上的规模经济效益，对新技术的利用会更为充分。

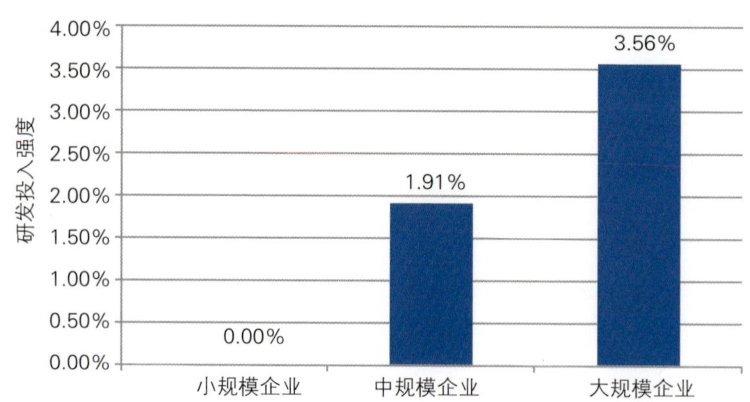

图2–7　按上市家族企业规模划分的研发投入强度比较

3. 家族因素影响

家族企业中的家族参与程度不同，其研发投入强度可能会存在差异。本研究将样本中的上市家族企业根据家族股权参与和管理权参与进行分类。数据结果显示，仅股权参与的上市家族企业的研发投入强度为2.82%，同时有股权参与和管理权参与的上市家族企业的研发投入强度为3.69%，两者之间存在显著差异（见图2–8）。首先，当家族成员同时有股权参与和管理权参与时，家族成员既是所有者又是管理者，掌握和主导着家族企业的研发投资决策。在这种情况下，所有者和管理者的利益是统一的，可以大大缓解长期研发投入中的代理问题，投资决策对短期绩效的敏感性也会比职业经理人的低，甚至有时候会牺牲短期利益来确保长期投资的成功。其次，家族企业中存在利他主义行为，家族企业的管理者会对自己的家族企业有很强的心理归属感，会把家族企业当成长期的事业来经营。为了实现家族企业的长远发展，成为百年老店，家族企业家会有更开阔的投资视野，不局限于当下的短期收益，所以会更加重视研发创新活动。即使家族企业聘任了职业经理人来管理企业，家族企业的所有者也会负责任地监督职业经理人的行为，做出有利于家族企业长远发展的研发投资决策。再次，家族成员拥有管理权，涉入企业的管理经营，意味着家族企业的高管团队成员有较长的任期，会更加关注企业的长远发展，注重企业的创新能力，有助于更好地识别和理解企业所面临的机遇和挑战，为企业的研发创新提供更大的支持。所以，家族成员如果同时有股权参与和管理权参与，会有更高的研发投入强度。

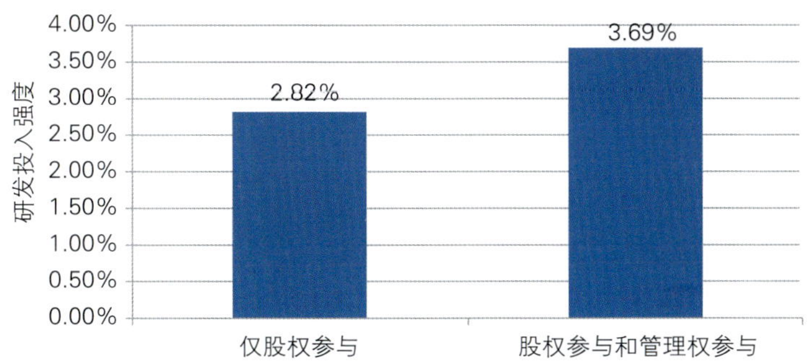

图2-8　按参与类型划分的上市家族企业研发投入强度比较

4. 个体因素影响

家族企业与非家族企业的一个重要区别是家族企业中存在家族成员的涉入，所以家族成员的个体因素可能会对家族企业的研发投入产生影响。本研究主要关注一代创始人这类个体，分析在上市家族企业中由于一代创始人特征的不同，研发投入强度是否有差异。

一般来说，一代创始人的性别不同，家族企业的战略决策可能会存在差异。本研究利用样本中的上市家族企业进行分析。由图2-9可以看到，当一代创始人是女性时，上市家族企业的研发投入强度为3.55%，而当一代创始人为男性时，上市家族企业的研发投入强度为3.40%。两者在统计上并没有显著差异，这一结果表明，一代创始人的性别不同，上市家族企业的研发投入强度并没有显著差异。从创业的角度来说，女性创始人相比男性创始人会少很多，在307个样本企业中，除去数据值缺失的样本，只有20名一代创始人是女性，有275名男性一代创始人，两者样本的数量差距较大，在一定程度上可能对数据分析的结果产生影响。

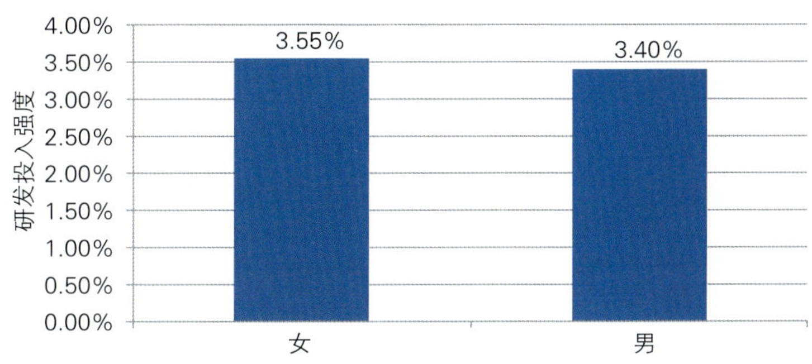

图2-9　按一代创始人性别划分的上市家族企业研发投入强度比较

本研究进一步按照一代创始人的年龄进行分类，对比其所在上市家族企业的研发投入强度的差异。结果表明，不同年龄段的一代创始人所在的上市家族企业的研发投入强度存在显著差异。由图2-10可以看到，41～50岁的一代创始人所在的上市家族企业的研发投入强度最高，为4.01%。随着一代创始人的年龄的增大，上市家族企业的研发投入强度有减小的趋势，其中，51～60岁的一代创始人所在企业的研发投入强度为3.18%，60岁以上的一代创始人所在的企业的研发投入强度为3.05%，研发投入强度最低的是40岁以下的一代创始人所在的上市家族企业。这种现象可能的原因是：一方面，年轻的一代创始人掌握的社会资源比较少，经验相对不足，随着年龄的增长，有了更多商战经验，阅历丰富，社会资源等更多，对研发活动的认识更加明确，所以对研发投入的拿捏会更加准确；另一方面，通过观察和数据分析，本研究发现企业年龄与企业家年龄呈正相关关系，也就是说企业家年轻的上市家族企业也是新创不久的新企业。根据上述分析，上市家族企业年龄越小，研发投入强度越小，上市家族企业成立时间越长，对研发投入强度的预估会更加准确，更能充分利用投入到研发创新活动中的资源。

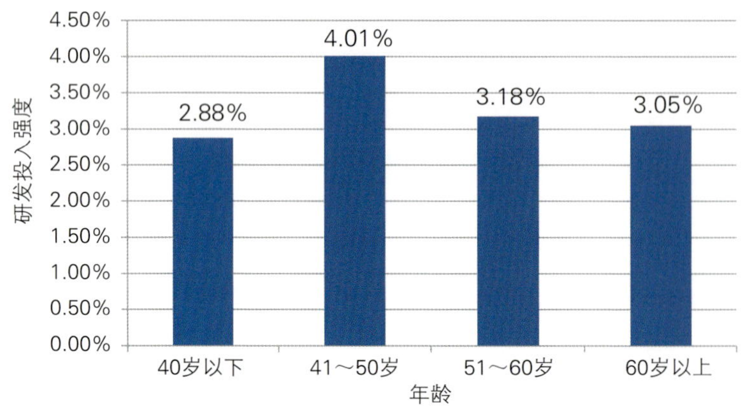

图2-10　按一代创始人年龄划分的上市家族企业研发投入强度比较

通过对样本上市家族企业的分析，可以发现不同教育程度的一代创始人对其所在上市家族企业的研发投入强度的偏好存在显著差异。如图2-11所示，基本的趋势是随着一代创始人教育水平的提高，其所在上市家族企业的研发投入强度逐渐增强，高中或大专及以下教育程度的一代创始人，其所在上市家族企业的研发投入强度最小，为2.31%。研发投入强度最高的是拥有博士学历的一代创始人所在的上市家族企业，为4.25%。这在一定程度上说明，一代创始人教育程度越高，知识越丰富，对研发活动的重要性的理解更加深入，所以会对研发活动更加重视，会更加支持企业提高创新能力，加大对研发活动的投资。

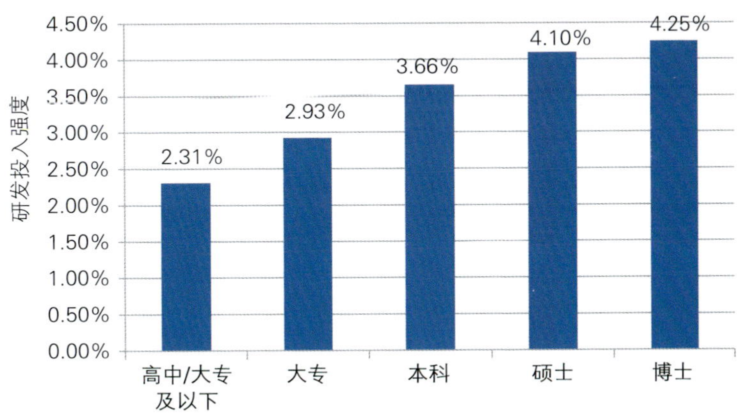

图2-11 按一代创始人教育程度划分的上市家族企业研发投入强度比较

有研究指出，政府的扶持及补贴等会对企业的研发投入产生一定的影响，所以本研究对一代创始人有无政治连带进行了分组。如图2-12所示，没有政治连带的一代创始人所在的上市家族企业的研发投入强度为3.46%，有政治连带的一代创始人所在的上市家族企业的研发投入强度为3.42%，两个值的差距不大，统计上没有显著差异。这一结果表明，一代创始人有无政治连带对其所在的上市家族企业的研发投入强度并没有显著影响。在一定程度上可以认为，一代创始人的政治连带可能与政府的扶持和补贴并没有很大的联系，一代创始人的政治连带获得的资源可能并不会投入到研发活动中来。

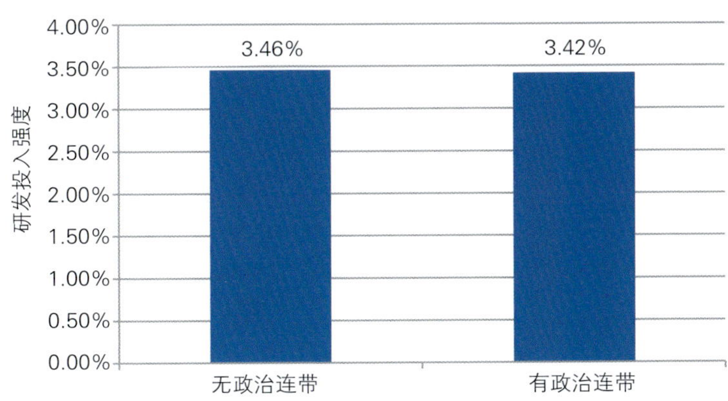

图2-12 按一代创始人有无政治连带划分的上市家族企业研发投入强度比较

第五节　二代参与和研发投入

家族企业的一个重要特征是代际传承，现有很多家族企业的一代创始人已经年近花甲，二代正值有所作为的年纪，企业面临着接班的挑战。家族企业的代际传承问题成为企业实践者和理论学者未来持续关注的焦点。研究发现，家族企业的跨代涉入对家族企业的战略决策会产生重要影响。本研究推测，二代的特征可能会对家族企业的研发投入强度产生一定的影响。首先，经过数据统计，本研究发现，并不是所有上市家族企业都存在二代参与，样本中的上市家族企业有56.4%存在二代参与，有43.6%的上市家族企业还没有二代的参与（见图2–13）。

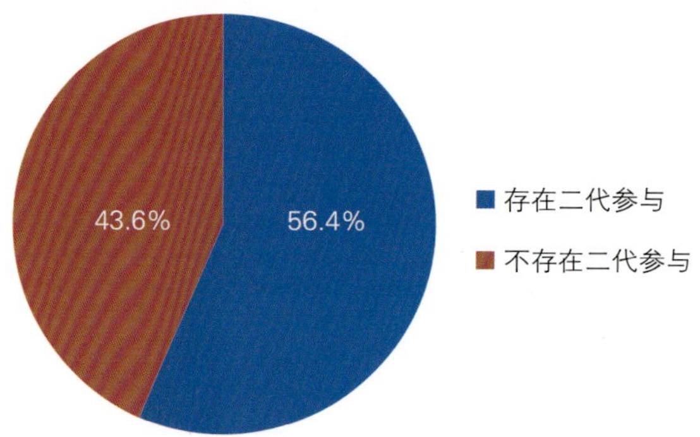

图2–13　上市家族企业的二代参与情况

本研究经过进一步分析发现，存在代际涉入的上市家族企业与不存在代际涉入的上市家族企业的研发投入强度存在显著差异。由图2–14可以看出，存在代际涉入的上市家族企业研发投入强度为2.95%，不存在代际涉入的上市家族企业的研发投入强度为3.63%，两者在统计上是有显著差异的。一般来说，二代涉入企业之后会带来新的资源和观念，有利于研发创新活动，但是二代涉入企业之后研发投入强度反而减小，可能的原因是二代涉入期间恰好是企业权杖的交接过渡期，为了保证家族企业权力的顺利平稳交接，不适合更多地进行不确定性高的创新研发活动。

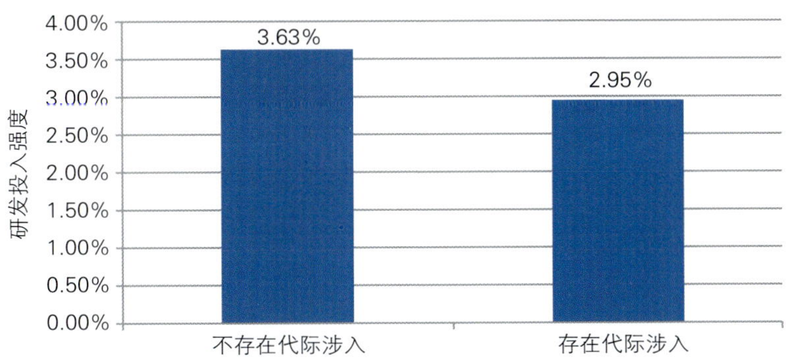

图2-14 按有无代际涉入划分的上市家族企业研发投入强度比较

既然二代的参与会对家族企业的研发投入强度产生影响，那么具体有哪些原因呢？首先，在有代际涉入的上市家族企业样本中，本研究按照二代的性别对样本中的上市家族企业进行分组，结果显示，男性二代所在的上市家族企业的研发投入强度为2.98%，略微高于女性二代所在上市家族企业的研发投入强度，后者为2.93%（见图2-15），两者之间并没有显著差异，说明二代的性别对上市家族企业研发投入强度并没有显著影响。

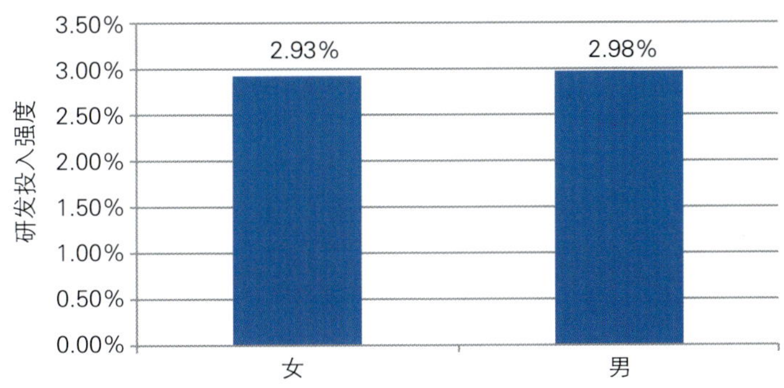

图2-15 按二代性别划分的上市家族企业研发投入强度比较

其次，本研究根据二代的年龄对上市家族企业进行分组，发现二代年龄对上市家族企业的研发投入强度也没有显著影响。根据对样本企业的数据分析，除去二代年龄信息缺失的企业，50岁以上的二代所在的上市家族企业共有11家，其研发投入强度最高，为3.84%，其次是30岁以下的二代所在的上市家族企业，共有21家，其研发投入强度为3.00%，31岁到40岁的二代所在的上市家族企业共有68家，其研发投入强度为2.61%，41岁到50岁的二代所在的上市家族企业的研发投入强度是2.71%（见图2-16），在统计上，这4个数值并没有显著差异。

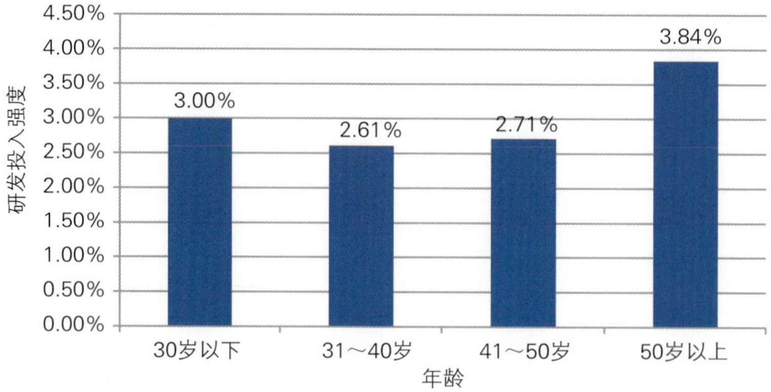

研发投入强度
4.50%
4.00%
3.50%
3.00%
2.50%
2.00%
1.50%
1.00%
0.50%
0.00%
3.00%
2.61%
2.71%
3.84%
30岁以下
31～40岁
41～50岁
50岁以上
年龄

图2-16　按二代年龄划分的上市家族企业研发投入强度比较

接下来，本研究按照二代的受教育程度对样本中的上市家族企业进行分组，发现不同受教育程度的二代所在的上市家族企业的研发投入强度是有显著差异的。如图2-17所示，大专毕业的二代所在的上市家族企业的研发投入强度最高，为4.47%，其次是拥有博士学历的二代所在上市家族企业的研发投入强度，为3.94%，最低的是高中或大专及以下学历的二代所在的上市家族企业，研发投入强度为1.30%。图2-17显示拥有本科、硕士及博士学历的二代所在的上市家族企业的研发投入强度逐渐增加。考虑到数据分布结构，样本中的二代大部分拥有本科及硕士学历，有本科学历的二代占34.28%，有硕士学历的二代占49.94%，有本科以下学历的二代只占13.84%，因此可以认为，随着二代受教育程度的提高，其所在的上市家族企业的研发投入强度逐渐提高。

研发投入强度
5.00%
4.50%
4.00%
3.50%
3.00%
2.50%
2.00%
1.50%
1.00%
0.50%
0.00%
1.30%
4.47%
2.66%
2.79%
3.94%
高中/大专及以下
大专
本科
硕士
博士

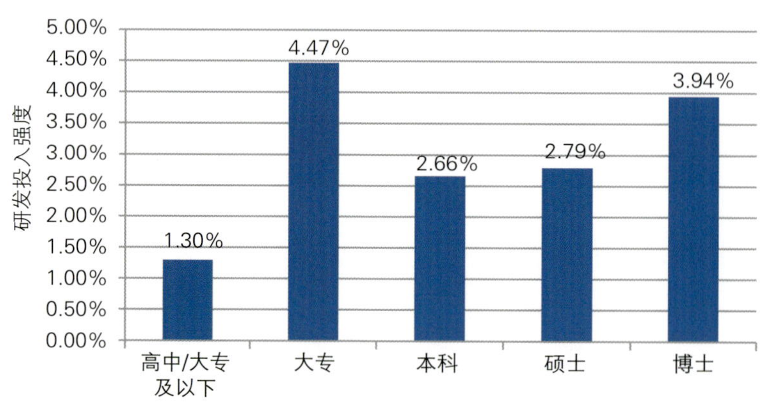

图2-17　按二代受教育程度划分的上市家族企业研发投入强度比较

二代对家族企业的参与，包括股权参与和管理权参与。首先，本研究分别按二代的两种参与方式对样本上市家族企业进行分类，探究其对家族企业的研发投入强度的影响。经过数据分析，发现二代有无股权参与对上市家族企业的研发投入强度有显著影响。无股权参与的二代所在的上市家族企业的研发投入强度为2.50%，有股权参与的二代所在的上市家族企业的研发投入强度为3.16%（见图2–18）。这一结果表明，二代的股权参与影响上市家族企业的创新能力的培育。在我国的家族企业中，家族控制企业的股权的传承是大部分所有权，一种重要的代际传承方式，以保证家族企业能够在本家族中延续，这种特点决定了家族企业会关注长期规划和投资，注重家族企业创新能力的培养，家族所有权的长期性使得家族企业更有动力进行研发投入。

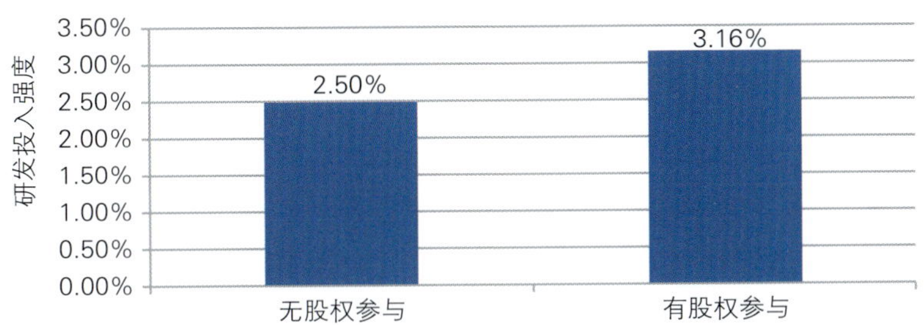

图2–18　按二代有无股权参与划分的上市家族企业研发投入强度比较

二代是否有管理权参与对家族企业的研发投入强度也有显著影响，由图2–19可以看出，无管理权参与的上市家族企业的研发投入强度为2.50%，有管理权参与的上市家族企业的研发投入强度为3.16%，在统计上差异显著。家族二代涉入企业的管理经营有助于提升家族企业的研发创新能力，这是因为一代掌权的家族企业会有更加集中的决策机制，而随着二代的管理涉入，决策的集中度会因为个性化程度增加而降低。一代创始人一般倾向于采取家长式的、主观的管理风格，而二代家族成员会更倾向于采取职业化的管理风格，有更大的外部导向，而且二代一般受过良好的教育，能更好地获得企业内外部的信息和资源，对企业的研发创新有更深刻的理解，能紧跟时代的变化而做出更加符合实际的研发投入决策。

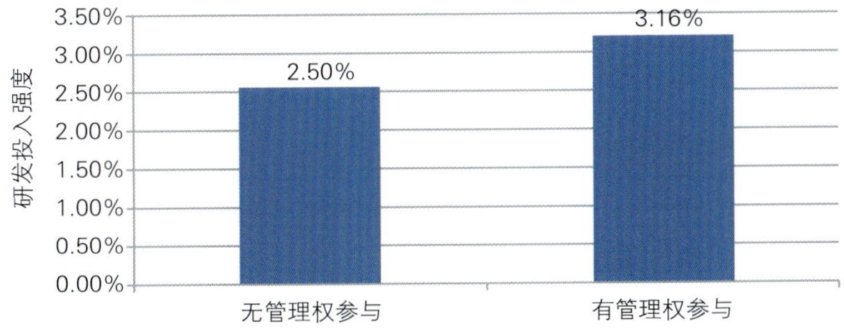

图2–19　按二代有无管理权参与划分的上市家族企业研发投入强度比较

接下来，本研究进一步将二代参与企业的方式划分为仅股权参与、仅管理权参与、同时股权参与和管理权参与、其他方式参与，进行数据的处理分析。结果表明，二代参与家族企业的方式不同，上市家族企业的研发投入强度存在显著差异。由图2–20可以看到，二代仅股权参与的上市家族企业的研发投入强度为3.00%，二代仅管理权参与的上市家族企业的研发投入强度为2.66%。二代成员仅管理权参与一般意味着家族强烈的控制意愿，而家族企业的资源有限，进行研发创新活动需要大量的资金，强烈的控制意愿使家族企业不愿意进行外部融资，所以研发投入强度相对较低。二代同时有股权和管理权参与的上市家族企业的研发投入强度为3.49%。其他参与方式的上市家族企业的研发投入强度最高，为3.59%，这类企业的传承意愿不强，更加注重经济目标，所以更愿意将资源投向创新活动。

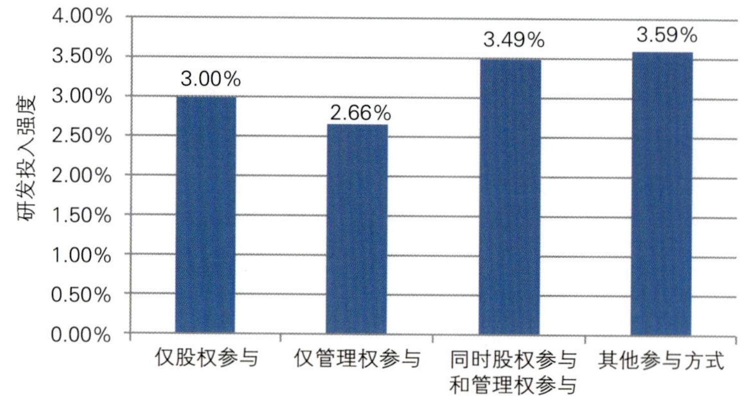

图2–20 按二代参与企业的方式划分的上市家族企业研发投入强度比较

第六节 典型案例

近年来，越来越多的家族企业自觉加入了创新的浪潮中，其中的佼佼者已然成为国家的“创新型企业”，勇立潮头。其中，浙江省的方太集团和娃哈哈集团都在创新方面取得了突出的成绩。

案例一　方太集团

现如今，随着生活水平的提高，人们越来越重视身体健康。由于中国多样化的烹饪方式，油烟污染已成为危害人体健康的一大杀手，所以，抽油烟机日益成为每个家庭的必备厨电。在抽油烟机市场上，一个国产高端品牌力压国际大品牌，成为千家万户的首选，销量稳居国内前列。

这个高端品牌正是来自位于浙江宁波的方太厨具有限责任公司。该公司创办于1996年，20多年来一直致力于高端厨电领域的产品开发，产品从单一的抽油烟机扩展到了灶具、烤箱、水槽洗碗机等八大产品线，销售额以每年20%以上的速度在增长，现已成为该领域的领头羊。那么，方太集团是如何崛起的呢?

茅理翔两次创业，起起落落难继续

说起方太的历史，不得不从茅理翔的第一次创业开始讲起。20世纪80年代，在我国东南沿海地区掀起了创业潮，茅理翔勇敢地投身于此次浪潮中，于1985年在浙江慈溪建立了无线电九厂，主要生产黑白电视机的配件。但是好景不长，由于国家进行宏观调控，经济环境动荡，黑白电视机配件的市场不景气，工厂被迫停产。

但这次创业失败并没有打击茅理翔的创业热情，他开始寻找新的商机，这一次，茅理翔决定进军厨电行业，生产点火枪，建立“飞翔集团”。四五年之后，茅理翔的点火枪销量已经稳居世界前列，他因此成为家喻户晓的“点火枪大王”。然而，由于点火枪的技术门槛很低，很容易被其他企业模仿，所以生产点火枪的企业越来越多，竞争十分激烈，价格被压低，销量减少，企业再次陷入危机。

至此，茅理翔最初的两次创业都没有获得成功，这时，他想到了自己的儿子茅忠群，希望父子联手，重整旗鼓，建立茅氏家族企业。

茅忠群跨代创业，大刀阔斧办“方太”

此时的茅忠群刚从上海交通大学研究生毕业，准备到美国读博士，他对家里的小生意并不感兴趣。但是，当看到父亲坚持创业的决心和创业的辛苦之后，他毅然决定要留下来帮助父亲，但条件有三：1. 将公司从乡下搬到城里；2. 放弃点火枪，改做其他产品；3. 不用旧人，建立新团队。茅理翔答应了儿子的要求，就这样，父子二人在危机中再次创业，开始了茅氏家族的创业、转型、传承之路。

然而，由于在多个方面父子二人观念不同，共同创业的道路并不平坦。第一个面临的挑战是生产什么产品的问题。茅理翔想做政府支持的产品——微波炉，但是茅忠群不以为然，他深入市场做调查，发现当时市场上的抽油烟机虽然品牌众多，但大部分都是仿照国外的产品，与中国的烹饪环境不匹配，用户抱怨声不断，所以他对抽油烟机的市场前景非常看好。当茅忠群拿着这份调研报告给父亲看后，父亲被说服了，立即支持儿子，为儿子解决资金等问题，希望儿子能够潜心研发新产品。

父子二人面临的第二个挑战是企业名称的更换。企业最开始的名称是“飞翔集团”，茅忠群加入之后，他认为要做厨房产品，品牌名称应该更贴近女性，“飞翔”这个名称太过平淡，没有代表性。他提出，用当时香港电视中炒菜节目主持人的名字“方太”作为企业的名称，有利于抽油烟机的市场推广，而且“方太”意为“方便太太”，简单新颖，通俗易懂。最终，父亲听取了儿子的建议，将企业名称改为“方太”。

定位高端厨电，大力研发创新

1996年，方太正式成立运营。在决定生产抽油烟机后，茅忠群仔细分析了市场形势，发现国内的250多家抽油烟机厂商大多以低价格主攻中低端市场，竞争十分激烈，经过谨慎思考，他决定进军高端市场，以高品质赢取胜利。几个月后，茅忠群带领研发团队将大圆弧形抽油烟机打入市场，一炮而红，接下来的几年时间，方太基于对产品的研发创新，不断推出高质量的抽油烟机，受到消费者的一致好评。

高质量必然伴随高成本，产品价格也会相对较高。1999年，家电行业打起了价格战，但是茅忠群认为，一分价钱一分货，高端品牌并不是以价格取胜的品牌，而是以高质量为首。面对巨大的市场销售压力，方太坚持没有降价，反而加大研发投入，在2001年推出质量更好、价格更高的新产品，满足人们追求高品质生活的需求。在激烈的价格战中，方太仍然坚持高端路线，这种坚持源自茅忠群的信念。他认为，高端品牌不是广告打出来的，关键是有没有好的产品去支撑高端二字，方太的高端路线一定是靠实实在在的高品质去支撑的，而高品质一定是靠创新得到的。“因为，如果不注重创新，只会打价格战，很快就会毁掉一个行业。如果龙头企业不断创新，不断引领行业的发展进步，那么它就会成就一个行业。”所以说，要想在高端市场立稳脚跟并获得长久发展，就要不断进行研发创新。

方太集团始终坚信“创新是企业发展的不竭动力”，茅忠群董事长说：“园区最好的楼就是给技术中心用的，其他部门每年的预算都有封顶，只有研发部门是没有封顶的，而且是投入越多越好。”可以看出方太集团对研发部门的高度重视。方太每年在研发上的投入占到销售额的5%左右，属于高强度研发水平，在行业内处于前列。在产品创新和研发方面，方太始终以客户需求和体验为中心，在工业设计、技术研究和产品开发三个模块加大投入，成为高端厨电的领头羊。首先，为了把产品设计得更加精致完美，方太与杭州瑞德工业设计公司进行长期战略合作，还与美国的多家世界顶尖工业设计公司有业务往来，成为行业内第一家引入工业设计的公司，提高了用户满意度。其次，厨电产品的研发创新需要技术的不断更新，所以在技术研究方面，方太不仅推动产品核心技术的升级换代，而且大胆尝试，引入新材料、智能技术等其他领域的技术，解决了油烟机行业的技术瓶颈。除此以外，方太率先引进专业化的集成产品开发流程，逐渐提升自身的研发组织能力，参与行业、国家产品标准的制订与修订，成为全国“吸油烟机标准化工作组组长单位”，受到国家的重视。而且，方太还拥有厨电行业规模最大、设施最先进的实验室，建立了国家级技术中心以及创新研究院，庞大的研发团队为方太的不断前进提供着源源不断的动力，发明百余项专利，引领行业的发展。

研发部门技艺精，利用探索争第一

具体而言，为了满足高端市场和客户的需求，就要精益求精，改进和完善现有产品，进行利用式创新。方太智能云魔方是方太集团一个高端油烟机产品，采用的蝶翼环吸科技是其核心技术，而这种技术的关键是一块蝶翼环吸板，它拥有强大的智能吸排系统，其第一代和第二代已经投产两年了，生产技术已经非常成熟。但是方太集团本着将产品做到极致、力求完美的理念，仍然继续对蝶翼环吸板进行升级，对其外观工艺进行改进，进一步提升了抽油烟机的整体性能，使其能够全方位覆盖油烟区，吸排烟更快、更净，彻底清除油烟，阻隔油烟伤害，为家庭的健康保驾护航，不断刷新用户体验。这种对品质苛刻的追求，为方太赢得了市场，2016年，方太在抽油烟机高端市场上的占有率在45%以上，已经超越了国际品牌西门子，位居行业第一。

除了要不断改进已有的产品，方太也十分注重新产品的开发，不断推陈出新，满足新客户和市场的需求，进行探索式创新。正如董事长茅忠群所说:“保住高端品牌的地位，必须要有持续创新的能力，也就是说每年要能够推出一些很创新的、很好的产品。如果说你没有这样的能力，可能就会失去高端品牌这样一个地位。”方太几乎每年都会有新产品上市，比如，在2013年成功推出风魔方近吸式油烟机，2014年云魔方欧式油烟机上市，2016年则再次推出智能风云魔方。作为深型吸油烟机的开创者、近吸式吸油烟机的开创者、嵌入式成套化厨电的开创者、高效静吸油烟机的开创者以及厨电全新品类水槽洗碗机的开创者，方太坚持自主研发，不断超越自我，为中国家庭带来“四面八方不跑烟”的抽油烟效果，使厨房

环境得到很大改善。方太超越国际品牌，打造出中国的高端厨电。

不管是利用式创新还是探索式创新，都离不开研发部门的艰辛努力。不仅要追求效果第一、功能完美化，还要兼顾可制造性和低成本，这对研发团队来说是巨大的考验。为了尽快推出精致完美的新产品，研发部门每周都会开一次研讨会，碰撞出新火花，得出新方案并进行多次测试。为了研发一款水槽洗碗机，研发团队走访了25个城市的1000多户家庭，在长达5年的时间里，共设计出186个概念方案，进行了86次全面原型机测试，最终，一款既省时又省力还省水的水槽洗碗机出现在市场中。该产品上市仅一年，在国内洗碗机市场的占有率就超过了22%，获得巨大成功。

作为高端品牌，20多年来，方太集团本着专业、负责的态度，以用户需求为中心，牢牢掌握核心科技。通过持续不断地创新研发、精雕细琢，方太为产品的高品质打下坚实的基础，超越国际品牌，走向厨电巅峰。

管理模式搞创新，引进人才促转型

茅忠群不仅看重产品的研发创新，在管理模式方面也是推陈出新，对企业进行现代化改造，促进企业实现从推销到营销的转型，也促进了方太集团实现从传统的家族制向现代家族企业的转型。

早在茅理翔执掌大权时期，他就提出家族企业的管理要淡化家族制，方太集团的高管团队不准有其他家族成员，他坚决不为自己的四弟走后门，这也是为儿子接班做准备，为方太集团的转型做准备。1999年，茅忠群继续推行该政策，并推行更加彻底的去家族化，将在公司任重要职位的母亲淡化出局。

不仅如此，茅忠群为了提高销售员的业务能力，加强对销售部门的管理，他将营销体质进行改革，将传统的销售员制逐渐过渡到分公司制，同时从外企引进大批销售精英，扩大销售团队。

看到儿子的能力，在2002年到2004年间，茅理翔放心地将企业的管理权和决策权交给了儿子，给了茅忠群很大的施展空间。在此3年间，茅忠群将方太的人事部改为人力资源部，在人才引进、职工培训、业绩考核等方面有了很大进步，从包括世界500强在内的企业引入大量管理、销售和技术人才，同时注意培养企业的干部队伍，吸引优秀的年轻员工加入企业，并且适度放权，加快方太集团的转型升级。

案例小结

多年以来，方太集团根据“专业、高端、负责”的战略定位，用不断创新的产品和技术诠释着对抽油烟机高环保、高质量的极致追求，为人民的健康贡献力量，深受广大老百姓的喜爱。这离不开茅理翔和茅忠群父子二人的艰辛付出，他们在危机中共同创业，不断摸索。随着企业规模的逐渐扩大，他们对研发创新的投入越来越多，促进企业的转型升级，为百年老店的目标而继续努力着，这一点也跟上文中数据分析的结果是一致的。

方太，永远在路上，为成为受人尊敬的世界一流企业而奋进。

案例二　娃哈哈集团

娃哈哈集团创立于1987年，是由宗庆后骑着三轮车一步步蹬出来的家族企业，现已成为一家集产品研发、生产、销售为一体的大型食品饮料企业。不可否认，娃哈哈曾经风靡一时，但近几年来，随着人们对饮食健康的重视和消费结构的升级，饮料行业涌现大量实力雄厚的饮料制造商，创新产品层出不穷，竞争十分激烈，老牌饮料产品已经不再适合消费者的口味，这使得娃哈哈面临巨大的挑战，优势已经没有以前那么明显了。

娃哈哈业绩直下滑，缺乏创新是主因

公开数据显示，2012年，娃哈哈的营业收入为636亿元，同比下降了5%，2013年的销售额仅完成了783亿元，并没有达到预期的销售目标。2014年，销售额下降为728亿元，业绩同比下滑7%。在2015年娃哈哈召开的销售工作会议上，创始人宗庆后曾对经销商坦言，2014年是近几年来销售业绩最差的一年，而2015年的营收比2014年又暴跌了200多亿元。那么，是什么因素导致曾经的饮料巨擘业绩持续下滑？除了外部因素中的宏观经济环境影响，很重要的内部原因是娃哈哈的研发创新出现了问题。部分经销商由于娃哈哈可以销售的产品太少，老品牌销量下滑，新品牌突破不给力，所以退出娃哈哈的销售。宗庆后也很明白，是长时间未能再次推出具有竞争力的新产品，才导致业绩不佳。“应该说，我们饮料企业这几年在产品创新方面确实没有做好，饮料没有跟上和满足消费者日益提高的消费需求。”

有评论称，“娃哈哈的品牌老了”，宗庆后表示，“品牌变老了，就要想办法让娃哈哈焕发青春”。不可否认，这种“老去”，是一种缺乏创新力的表现，所以，宗庆后认为，娃哈哈要想重焕光彩，就要不断提高产品的档次，开发出新产品，尤其是大单品的开发。在2015年召开的中国饮料工业协会的年会上，宗庆后说：“我经常对研发人员说，娃哈哈发展到今天，很重要的一个原因就是要不断创新，

创业初期实力弱，我们跟在别人后面搞跟进创新，有一点实力了就搞引进创新，成为龙头企业以后则必须进行自主创新。但这几年，我们的研发人员主要还是待在实验室里闭门造车，推出来的产品不能满足消费者的需求，很难打开市场。”

客户需求变化大，更新换代不及时

娃哈哈集团并不是不注重创新，事实上，从2004年以来，娃哈哈实施了“全面创新”战略，在产品、设备和管理等方面都进行了全方位的创新，提升企业的核心竞争力，促进企业又好又快发展。但是，近几年，创新力度不足，没有迎合客户和市场的需求，导致竞争力衰退。

在产品创新方面，娃哈哈之前连续推出了营养快线、爽歪歪等新产品，在市场上取得了不凡的业绩。但是近几年，娃哈哈推出的新产品并不是真正意义上的创新，很多产品的设计都是模仿其他企业的产品，比如“C柚”与农夫山泉的“水溶C100”特别相似，有“山寨版”的嫌疑，而且，营养快线等老产品的销量也处于下滑状态，很多产品已经卖了10多年，产品包装及产品代言等都很少有变化，而市场需求瞬息万变，随着市场上产品种类的增多，产品分类更加详细，娃哈哈的老产品已经跟不上时代的变化和消费环境的改变，不符合现代人的口味需求，逐渐被人们遗忘。也就是说，近几年娃哈哈独立研发出的新产品比较少，老产品也没有及时更新换代，导致诸多竞争对手抢占其市场份额。

封闭创新是主因，开放创新提销量

实际上，娃哈哈在研发创新上的投入和努力程度并不低，他们不仅进行饮料产品的研发，还自主研发出智能机器人，进行产品的码垛等操作。2016年，娃哈哈荣获“十二五”全国轻工业科技创新先进集体奖项，在管理创新方面也拿到了国家级大奖。但是为什么娃哈哈的研发创新没有转化为市场竞争优势?

最近，有分析指出，娃哈哈的研发创新没有获得成效的根本原因在于创新模式的落伍。因为娃哈哈采用的是“封闭式创新”，在企业内部建立大规模的研发实验室，高薪聘请研发人员，在企业内单独进行研发创新活动，对技术进行保密和独享，认为这种内部研发是企业的一种有价值的战略性资产，可以提升企业的核心竞争力，维持竞争优势。但是随着社会的发展，这种“封闭式创新”模式已经不适应“知识经济时代”的需求，反而导致效率低下、回报率低、突破性创新较少。而现在需要的是一种开放包容的心态，研发创新不应局限于企业内部，要充分利用企业内部和外部的资源，与外部其他企业进行合作，吸取外部创新的经验，对资源进行整合，才能在研发创新方面有重大突破。

所以，娃哈哈要想摆脱业绩下滑的困境，就要狠抓创新。首先，在创新模式方面，进行“开放式创新”，寻求与外部企业的合作，利用外部的资源和力量进行产品研发和创新。其次，娃哈哈要进行产品的研发创新，就必须深度了解消费者的需求，与新生代的消费者进行沟通交流，掌握市场的动态，根据消费者的口味偏好和市场缺口，进行有目的的研发，使研发投入得到有效利用。最后，在销售渠道方面，娃哈哈也要进行创新，不能仅依赖于传统的营销模式和渠道，要紧跟时代的潮流。在互联网时代下开发电商渠道进行营销，也不失为一种提高销量的好方法。

二代“公主”个性明，宏胜集团显身手

过去几年娃哈哈的市场业绩大幅下滑，在这个时间点上，宗庆后的女儿宗馥莉受到很多关注，大家都在好奇，这个娃哈哈“公主”是否会接班企业，帮助父亲重新成为市场霸主。然而，宗馥莉明确表示，她不想继承企业，而是想走出一条属于自己的道路。

宗馥莉认为，娃哈哈曾经辉煌过，但是由于创新的不足，现在的表现实属一般，生意没有以前那么好了，因为消费者的口味变化，加之互联网营销的影响，线下实体运营的传统饮料很难有较强的竞争力。面临如此境况，宗馥莉想“玩点不一样的”，她不想继承父亲打下的娃哈哈帝国，她想凭借自己的能力继续创业，她不想再做传统的饮料，她想开创一个新产品，一个新品牌，用更好的产品满足消费者的需求。

宗馥莉有如此想法，与她的个性和经历是分不开的。她的个性十分鲜明，她坚持自我，独立要强，喜欢持续挖掘不同的东西。1996年读完初中，她就被父亲送到国外读书，后来从美国洛杉矶佩珀代因大学的国际商务专业毕业，回到国内进入娃哈哈，开启了她的从商之路。宗馥莉从生产管理线干起，后担任娃哈哈萧山二号基地管委会副主任，之后又成为杭州娃哈哈童装有限公司与杭州娃哈哈卡倩娜日化有限公司总经理。2010年，她正式成为杭州宏胜饮料集团有限公司总裁，承担娃哈哈集团三分之一产品的代加工业务，从食品香料到机械模具、印刷包装，再到饮料生产，宗馥莉越来越得心应手。在短短几年间，宗馥莉就摸透了饮料生产的各个环节，熟知不同产品香精配料的比例、食品消毒的流程以及如何安全配送成吨的饮料。到2012年，宗馥莉执掌的宏胜集团年营业额已超过120亿元。

其实，宏胜集团最初是在宗庆后的辅佐下成立的。宏胜最开始是作为娃哈哈的产品代工厂，跟娃哈哈共用一个体系，而且最初的员工也是从娃哈哈引进的。但是宗馥莉进行了轰轰烈烈的革命，根据自己的想法，对父亲给她设定的组织架

构和战略方向进行颠覆，培养新的员工，从外部引入优秀人才，组建全新的管理团队，逐渐脱离娃哈哈的影子。之后，宏胜集团的迅速发展，基本都是宗馥莉自己一拳一脚开拓出来的，父亲给予的帮助并不是很多。2015年，在浙江省萧山经济开发区十大财政贡献企业评选中，娃哈哈有4家公司上榜，而这4家公司主要都是由宗馥莉打理的，宗庆后为女儿的成长深感欣慰，并在微博上为女儿点赞。

自己代言推新品，定制创新花样多

宗馥莉性格鲜明，大胆有主见，她不想活在父亲的光环下。饮料行业的竞争从来不是温和的，现在是年轻人的时代，宗馥莉精力充沛又充满好奇心，她想做一个新的品牌，一个不同于娃哈哈的传统饮料的品牌。她看准了年轻一代的市场，这些群体喜欢新鲜事物并勇于尝试和体验，更注重事物的内涵。而且人们已经不太接受大批量的产品了，小众化饮品更容易受到欢迎，所以，宗馥莉想到，要做一款定制化果蔬饮料，自己代言，通过线上销售。就这样，“Kellyone”走进了大众视野。

不同于传统的加热杀菌的饮料，没有食品添加剂的纯天然冷榨果汁一般被认为具有很高的营养价值，这种果汁饮品颇受现代人的欢迎，因为随着生活水平和消费能力的提高，人们越来越重视健康，对食品和饮料的健康性和绿色性的要求越来越高。但是现在市面上这种果汁饮品，大都被挂上了“纤体、美肤”的标签。宗馥莉认为果蔬饮品不应该被附加太多功能性，应该是一种可以反映自己心情的饮料。于是，宗馥莉推出了以自己名字命名的创意新奇的定制口味果蔬饮料，这款饮料有很多不同的原料，包括一百多种水果和蔬菜，消费者可以自己选择三四种甚至是五种材料，以任何比例进行自由搭配。这款定制化的个性饮料，代表一种时尚的生活方式，销售方通过在线网络接受订单和销售，并可以进行社交分享，通过物流以最快的速度送到消费者手中。

为了推出这款新型定制果汁饮品，宗馥莉斥资百万，引进外部高管，甚至建造了一个400平方米的中央厨房。宏胜集团的研发团队调配了50款不同搭配方案的果蔬汁，经过内部的盲品会，最后确定30款作为第一批产品推向市场，但这30款饮品并不提前生产，而是等消费者下单后再生产配送，因为保质期只有7天。而且，为了快速满足消费者的各种搭配需求，生产线必须时刻做好准备，这在节奏、精细化管理等方面对宏胜的生产体系提出了更高的要求。

这款饮品的另一个不同于传统饮料企业的地方在于，它用互联网进行线上的销售。当今社会网络发达，电商云集，消费者的消费习惯也慢慢从线下实体店购买转到了在线上下单。所以，传统的线下销售饮品已经有落后于时代潮流的危机。

线上购物的方便快捷，也为这款饮品的销售提供了便利。

宗馥莉不害怕失败，她认为，“Kellyone”是自己的事，是宏胜的事，与父亲无关，与娃哈哈无关。从一家饮料加工商走到消费者市场，用互联网销售定制化产品，这在市面上还是第一次。宗馥莉用自己的行动证明自己，不断创新，跨代创业，值得期待。

捐资大学设基金，食品行业育人才

身处食品饮料行业的宗馥莉，不仅对自己企业的发展尽心尽力，而且对整个行业的发展也有着强烈的责任感和使命感。在行业所面临的众多问题中，食品安全问题是最重要也是老百姓最关心的问题。由于食品生产工艺不先进，导致食品质量等出现问题，宗馥莉认为，究其根源，制约这个行业健康发展的是食品安全领域营养专业人才的稀缺。在我国高校的培养中，缺少具备食品科学与生产装备及工艺控制的跨学科交叉融合的专门人才，这对我国食品行业的可持续发展来说，是一个巨大的挑战。所以，她深刻地认识到，只有培养出食品领域的复合型精英人才，才能保证食品安全，促进行业发展。

多年的海外留学经验，让她看到慈善捐赠的巨大力量，所以，她决定设立“馥莉慈善基金”，捐资高校，培养食品领域的创新型高层次专业人才。2012年，宗馥莉向浙江大学教育基金会捐赠7000万元人民币，设立“浙江大学教育基金会馥莉食品研究院教育基金”，专项用于建设“浙江大学馥莉食品研究院”。2014年，她又向西安交通大学捐资1亿元，成立“西安交大馥莉食品科学与工程学院”。她希望能借助高校的平台，培养更多专业人才，推动食品行业发展和保证食品安全，缩小我国在食品饮料行业与国外的差距，掌握食品领域的话语权。同时，她也希望受资助的学子学成之后能自发投身到食品行业中，为我国的食品行业发展贡献自己的力量。

本章参考文献

[1] Benner M J, Tushman M L. Exploitation, exploration, and process management: The productivity dilemma revisited [J].Academy of Management Review, 2003 (28): 238-256.

[2] Duran P, Kammerlander N, Van Essen M, et al. Doing more with less: Innovation input and output in family firms [J]. Academy of Management Journal, 2016，59(4):

1224−1264.

[3] March J G.Exploration and exploitation in organizational learning [J]. Organization Science, 1991 (2): 71−87.

[4] Patel P C, Chrisman J J.Risk abatement as a strategy for R&D investments in family firms [J]. Strategic Management Journal, 2014，35(4): 617−627.

[5] 任海云, 师萍．企业R&D投入与绩效关系研究综述——从直接关系到调节变量的引入[J]．科学学与科学技术管理，2010 (2): 143−151.

第三章

家族企业的多元发展

第一节　核心发现

1. 中国上市家族企业的总体多元化水平适中，与企业绩效呈倒U形关系

在本次305个家族企业2009—2015年的非平衡面板数据中，家族企业总体多元化指数为0.237，表明我国上市家族企业总体多元化程度适中。其中非相关多元化比例超过77%，意味着开展多元化的家族企业，更多地集中于开发与主营业务关联度小的非相关业务，而不是业务关联程度更高的相关业务。这可能导致不同业务之间资源配置与协调成本的增加，给企业多元化战略带来更高风险。究其原因，可能是我国市场经济的飞速发展，为企业提供了众多的机会与诱惑。这一现象也提醒企业，在新业务的开拓与选择过程中，更需要保持谨慎、冷静，要核计资源协调与配置的成本，促进各业务之间协同效益的增加。

我国家族企业上市公司多元化程度与企业价值并不呈线性关系，而是表现出典型的倒U形关系。这意味着，适当程度的多元化能够有效提升企业价值，当然这并不是鼓励所有企业都开展多元化业务。虽然我国企业多元化平均水平为0.237，远低于数据分析结论中的“拐点”，却并不表示企业应该开展多元化业务或提高企业多元化程度。企业在实施多元化战略之前，需要结合自身产业所处行业特点（产品生命周期、发展趋势、技术要求、行业地位），综合考虑自身能力，避免盲目跟风实施过度多元化，从而损害企业价值。

2. 年长的非制造业企业更偏好多元化，但家族参与会弱化这一倾向

不同地区、不同行业的家族企业在多元化战略中也表现出明显的差异。西部地区和东部地区多元化程度较高，非制造业企业的多元化程度明显高于制造业，这也意味着家族企业开展多元化战略需要结合内外环境，根据自身发展需求与优势进行战略安排。经营时间越长的家族企业多元化程度越高，这一结果一方面是经验和能力的累积，另一方面也是企业转型升级的需求。而不同规模的企业及企

业经营状况，其多元化程度则不存在显著差异。

本研究发现，家族参与程度对企业多元化存在负向影响，也就是说家族参与程度越高，其所在企业多元化程度越低。不同类型的家族参与，也会使得企业的多元化程度出现显著差异，表现为家族仅以股权参与的企业多元化程度明显高于家族同时担任管理者的企业。企业家个体的因素（如企业家性别、企业家年龄、企业家接受教育水平、企业家政治关联）同样也给企业多元化战略带来显著的影响。

3. 二代参与显著影响家族企业的多元化水平，但组间差异明显

研究还发现，家族二代参与类型的差异以及进入时机的差异都会对企业是否进行多元化扩张带来影响。具体而言，二代参与企业工作但不担任管理职务的家族企业多元化程度明显高于其他三者，二代仅参与管理的家族企业多元化程度最低。本章案例部分进一步探究了不同类型二代参与对企业多元化的影响，结果表明传承方式与企业多元化紧密关联。方太父子共同创业，以创业实现传承，保证了代际间一致的经营理念，促使方太专精主业，倾向于专业化经营。三花集团则是由二代开拓新业务领域，同时拓展服务于两大主营业务的临时业务，打造品牌化道路。新光集团的虞江波则是直接进入家族的流行饰品行业，结合自身兴趣爱好整合集团内不同板块。三个案例的交叉对比表明，二代在企业发展经营过程中存在自我的偏好与创意，表现为接班前后企业多元化程度的快速提高。随着接班进程的发展，多元化程度将回归正常水平。这一现象，警醒企业管理者在不同代际及交接班过程中需要密切关注多元化动态。由于家族二代普遍较为年轻，缺乏经验，因此在此类多元化中，需要更加注重多方搜集信息，尽可能选择可行性高的方案，从而提高传承接班的成功率。

第二节　理论基础

1. 公司创业与企业多元化

公司创业自20世纪70年代进入创业和战略等相关研究领域，逐步成为研究和

现实的热点话题。20世纪90年代，公司创业被认为能够提高企业创新能力，为企业注入新的活力，是提高企业竞争地位的重要手段。Sirmon等人（2007）也认为公司创业是企业为了创造和维持竞争优势而采取的更好利用自身资源的活动，能够促进和实现企业成长，保持企业经济增长。公司创业具体表现为流程更新及新产品和新市场的开发。

结合公司创业的定义不难发现，公司创业与企业多元化密不可分。1977年，Hippel就指出，公司创业就是在现有企业内进行旨在创造新业务的活动。随后，根据Burgelman（1983）的定义，公司创业可以进一步被具体描述为企业内部开展实现多元化发展的过程，以及与此相关的新资源组合，包括将与企业无关或关联度小的业务拓展到公司现有的框架和集合中的过程。从这些学者的论述中可以看到，多元化程度在某种意义上就代表了公司创业的活力，或者说多元化是公司创业在业务层面的具体表现。

那么我们不禁要问，多元化到底是什么呢？多元化（diversification）一般在管理学文献中被称为“企业多元化”或“企业多角化”。从20世纪40年代开始，多元化受到了管理学和经济学领域的广泛关注。目前对多元化的定义可以分为两种类型：一类学者认为多元化是一种企业的行为过程（Ansoff, 1957），指企业进入新的产品线或市场；另一类学者认为，多元化是一种企业的状态，是企业经营的产品数目和差异（Gort, 1962）。在目前的理论研究和实证研究中，更多的学者认为多元化是一种经营业务分布在多个产业的状态。各位学者根据研究的性质分别对其进行了翔实的论述。

在对多元化进行分析研究之前，还需要考虑到情境的重要性。在现实环境中，改革开放近40年，我国民营经济取得了长足进步，成为推动国民经济发展和社会进步的重要生力军。其中家族企业作为世界上最为普遍的企业形式之一，也占据了我国民营经济体绝大部分的比例，达到了80%以上。无论是经济贡献还是社会就业等多个方面，家族企业都是不可忽视的重要部分。在家族企业中，家族系统和企业系统彼此交互，互相影响，进而表现出其目标、行为、资源等多方面的独特性。特别是家族企业内部传承，成为家族企业与非家族企业之间最突出的差异之一。近年来，家族企业受到了社会各层面越来越多的关注与讨论。

与此同时，多元化在新兴市场国家非常盛行，而且多以企业集团的形式表现出来。由于资本市场不够完备且可能存在信息不对称及其他问题的困扰，企业通过多元化发展内部资本市场比依靠不成熟的外部市场更能有效降低风险，因此多元化也成为许多家族企业快速发展与业务拓展的战略选择。结合家族企业发展的时间轴，学者们提出在传承期间的多元化战略调整是保持企业持续竞争优势与家业长青

的关键因素，是处理家族企业传承与转型问题的新方案之一（李新春、张鹏翔和叶文平，2016）。因此，在家族企业内部展开对多元化战略的讨论显得尤为重要。

2. 多元化与企业竞争力

随着我国经济不断开放，国内大小企业受到国际企业发展的影响和国内传统文化“大而求全”的影响，自20世纪90年代起，开始大规模进行多元化发展。有些企业家认为，多元化是企业持续成长的必然选择，一个业务领域的成功经验可以复制到多个行业中，从而不断扩张。多元化能够帮助企业应对外部环境的快速变化，为企业寻求新的发展机会，同时也可以保证企业收入的稳定，降低总体的投资风险，以及形成内部的资金链，从而降低交易成本（Williamson, 1979），带来范围经济和规模经济，还能够解决企业资源过剩的问题（Montgomery, 1994）等。因此，多元化被认为是通过“企业所经营的行业数目的增加”来实现企业成长的一种经营方式，能够为企业带来长期的竞争优势。

多元化是把双刃剑，过度、盲目地进入一个陌生的领域，或是过度多元化同样可能给企业带来负面的影响。由于企业的业务涉及多个产业类型，增加了企业内部管理的复杂性，进而提高了对能力和资源的要求，损害企业现有的市场竞争能力。此外，多元化可能让企业的代理问题更加突出，进而产生无效率投资，损害企业竞争力。因此，适度的多元化，包括合适的产业数量、合适的业务比例，是企业多元化战略成功的关键。

在接下来的部分中，我们将先通过统计分析来观察多元化对中国家族企业价值的影响，即多元化程度的高低对家族企业价值会产生促进作用还是削弱作用，继而分析家族企业中不同因素对企业多元化程度的影响。

第三节　多元化的价值效应

多元化战略究竟会对企业价值带来怎么样的影响，一直是多元化战略研究中的一个重要议题。学者们分别从产业组织学派和战略学派两个角度，关注多元化可能带来的规模效应和范围经济，发现实施多元化经营并将活动范围限制在企业核心能力和技能内的企业绩效会更好。此类观点也得到了实证检验的支持。比如

1996年Roquebert等人研究发现，多元化对绩效确实存在影响，并解释了18%的企业绩效方差。随后Spanos等人2004年对希腊制造业的绩效分析，同样发现多元化对企业绩效存在突出贡献。

多元化对企业价值的影响到底如何？对此，学界并没有达成统一认识。以Amihud和Lee等人为代表的学者以代理理论为基础，认为研究样本往往是所有权和管理权分离的企业，两权分离导致股东和利益相关者之间的信息不对称及两者之间的目标冲突，管理者可能为了个人利益推动企业采取多元化战略，此类盲目的多元化战略往往会损害企业利益。简而言之，他们认为多元化战略往往带来企业价值的折损。而Rumelt和Teece等人从范围经济角度出发，提出多元化业务能够共享活动，从而产生协同效应，进而降低成本，提高企业收益。Edwards等人从市场能力角度出发，提出多元化能够增强企业的市场能力，降低企业的竞争程度，改善企业盈利。此类观点认为，多元化能够提升企业价值。此外，也有学者认为多元化与企业价值的关系是非线性的。以威廉姆森为代表的企业家认为，多元化可以减少交易成本，通过出租特殊资源获取收益，但后期管理成本会逐渐增加。因此，多元化与企业价值关系呈现倒U形。有学者对多元化研究的经典文献进行了统计分析，有26.5%的文章支持多元化对企业绩效的负向影响，18.4%的文章认为多元化能够促进企业绩效，14.3%的文章认为两者之间关系不显著，还有22.4%的文章认为多元化的绩效取决于企业所处的情境和条件（贺小刚、林古艳，2009）。

然而，上述研究都是在西方成熟市场环境下进行的，中国作为新兴市场国家具有其独特之处。有文献分析了新兴市场中多元化企业集团与企业绩效之间的关系，结论是多元化与绩效之间不存在确定的因果关系，多元化有可能带来好的业绩，也可能损害股东利益，多元化的成本与收益必须放在具体的经济和制度背景下进行讨论。我国家族企业中多元化究竟对企业价值有何影响，是在展开后续研究分析前需要探究的首要问题。

对此，课题组展开了本次家族企业多元化的探索分析。本次调研样本为2009—2015年305家家族上市公司，共2026个观测值。样本企业平均年龄为18.039年，标准差为9.779。这意味着大部分企业年龄在9～27年，其中最为长寿的企业已经成立了79年。总体而言，我国家族企业还是较为年轻的，尽管不乏成立时间超过50年的相对长寿的家族企业。样本企业大多数从事制造业，其占比为79.5%，这一结果也符合国内家族企业行业分布的基本状况。样本企业平均员工人数为3505人，表明样本企业规模普遍较大。考虑到样本企业为上市公司，企业规模较大是比较容易理解的。

为了解我国家族企业中多元化对企业价值带来的具体影响，本研究通过熵指数①的计算来获得家族上市公司多元化数据。在控制可能影响企业价值的其他因素（如企业年龄、规模、行业、是否发生交接班等）后，通过数理统计发现，多元化与企业价值之间存在倒U形关系。具体表现为，在多元化程度较低时，适当发展多元化能够提升企业价值，但多元化程度过高就会损害企业价值。在我国家族上市企业样本中，这一拐点的多元化程度值为0.443（见图3-1），意味着过高的多元化程度可能带来高于收益的多元化经营成本。这一观察也符合多元化与企业价值研究中倒U形关系支持者的解释，即多元化对企业价值的影响存在均衡点，在该点上企业多元化的边际收益等于其边际成本，此时多元化能够为企业带来最高的收益（Markides和Williamson, 1994）。

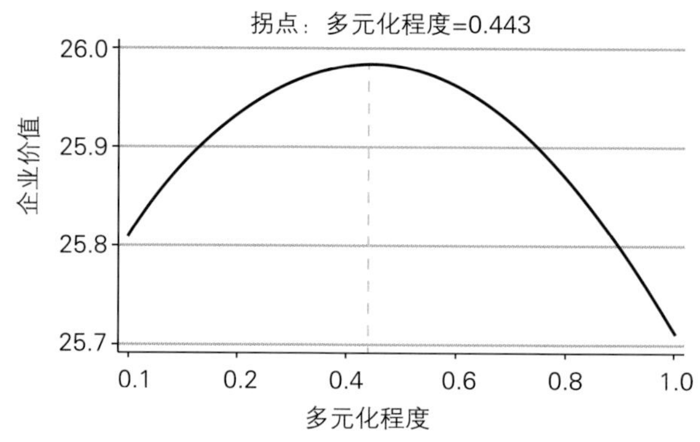

图 3-1　多元化程度与企业价值关系

结合文献回顾及中国现阶段的国情，交易成本理论在中国的新兴市场环境中更具解释力。我国家族上市公司样本多元化与企业价值之间的倒U形关系背后的原因可能在于在新兴市场中，外部市场不成熟，较低程度的多元化能够弥补市场制度不规范带来的高昂的交易成本。因此，在多元化开展初期，企业不同业务的

① 熵指数是现阶段多元化研究中使用最为普遍的多元化测量方式。参照Jacquemin和Berry（1979）的做法，本研究以SIC两级代码及该两级代码产业内的三级代码为标准，进一步将多元化分成行业间多元化（非相关多元化）及行业内多元化（相关多元化）两个层面。其计算公式如下：$DT=\sum_{i=1}P_i\ln\left(\frac{1}{P_i}\right)=DR+DU$，其中$DR=\sum_{s=1}^{n}P_s(DR_j)$，$DU=\sum_{s=1}^{n}P_s\ln\left(\frac{1}{P_s}\right)$，又$P_s=\sum_{i\in S}P_i$，$DR_j=\sum_{i\in S}\frac{P_i}{P_s}\ln\left(\frac{P_i}{P_s}\right)$。DT为多元化的总体程度；DR为相关多元化程度；DU为非相关多元化程度；P_s为两级代码水平上业务收入占企业销售收入之比；P_i为三级代码水平上业务收入占企业销售收入之比。

管理难度尚在管理者能力范围之内，多元化能够有效调动企业资源，消耗企业冗余资源，提高资源利用率。这表现为适度的多元化可以分摊固定成本，共享资源。此外，在多元化部门之间还能够低成本复制经验并进行组织学习，可以有效降低企业经营成本，从而提升企业价值。但是，由于市场环境的不确定性，过高程度的多元化也会给企业带来较高的失败可能性。在我国上市公司的监管体制仍然不完善的情况下，高度多元化未必能够弥补外部市场的低效率，反而容易带来更高的资源调度成本和信息不对称，使得管理、结构和组织的复杂性增加，加大不同业务之间的整合难度，使得组织的注意力受到限制，难以快速回应外部巨大的变化，从而产生内部资本市场冲突，增加了推诿带来的控制权损失，代理成本在这一阶段快速上升，因此表现为过高程度的多元化反而损害企业价值。综合起来，在达到拐点之前，多元化有利于提高企业价值，一旦跨过拐点，企业价值就会受到损害，多元化程度的变化对企业价值的影响呈现倒U形关系。

此结果鼓励家族企业在足够的能力和资源条件下应该适中地开展多元化，从而实现协同效应，促进企业成长。首先，强化资源整合能力，将企业内外资源整合服务于新的业务。其次，提升内部软实力，建设职业化管理团队。再次，在家族内部，打造家族人才梯队，提升家族人力资源的整体素质与水平，为企业未来发展与业务拓展提供新的突破。最后，强化组织文化建设，警惕多元化业务的开展对员工组织认同的冲击。需要注意的是，企业不能忽视自身能力与资源而盲目跟风，要控制经营范围及业务类型，避免因开展过高程度的多元化而折损企业价值。

第四节　多元化现状及差异

家族企业集团近几年开始引起越来越多的关注。将美国与新兴市场的企业集团做比较来看，不同于美国的联合企业，新兴市场国家往往采用企业集团。与西方发达国家的企业不同，我国集团公司所有权和控制权往往与某一家族联系在一起。这一背景提醒我们应该关注家族参与对企业战略的影响。

总体上看，在中国上市家族企业中，多元化程度为0.237，其中非相关多元化程度为0.183，相关多元化程度为0.053。这意味着国内家族上市公司多元化程度较为适中，主要为非相关多元化，较少相关多元化。结合多元化与企业价值之间的关系分析，0.237的多元化程度距离0.443的均衡点尚有一段距离，可以说目前家族企业上市公司企业多元化的程度尚不会损害企业价值。

进一步分析家族企业多元化类型占比，本研究发现非相关多元化在其中占据了77.2%的比例，可解释为新兴市场中的机会与风险都比较多。一方面，家族企业受到外部市场机会的诱惑，积极开展新业务以获取利益，这其中非相关行业的市场机会明显大于相关行业的机会；另一方面，市场的不确定性较高，企业希望借助多元化战略优化投资组合，分散投资风险，降低企业总体经营风险，而非相关多元化，由于业务之间关联程度更低，被认为能够更好实现降低投资风险的目标。最终表现为，国内家族上市公司更多地开展非相关多元化战略（见图3–2）。然而，结合西方研究经验，非相关多元化也可能是因职业经理人自利行为促使的，可能存在“动机不纯”的问题，盲目多元化可能忽视了企业的实际能力进而损害企业的绩效表现。与此同时，非相关多元化被认为更难实现业务之间的协同效应，只能带来较少的收益，而其业务的复杂性又促使企业管理成本大幅增加。长久来看，高比例的非相关多元化可能带来较大的风险。随着市场机会的变化，企业需要及时调整多元化类型比例，尽可能寻求收益与风险的平衡，还需要随时警惕伴随高收益而来的高风险。

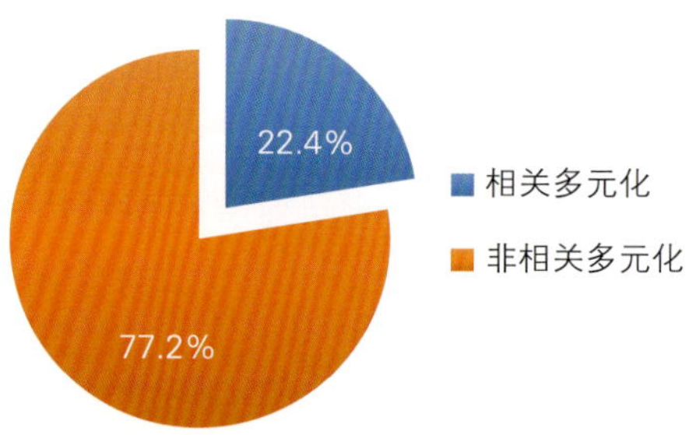

图3–2　家族上市公司多元化类型占比

1. 环境因素影响

我国幅员辽阔，不同地区发展水平参差不齐，忽视地区差异分析总体状况可能带来分析结果的偏误。为此本研究根据樊纲和王小鲁2016年的《中国市场化指数》将中国34个省（市，自治区）划分为高发达地区、中等发达地区与欠发达地区。统计结果显示，不同发达程度地区的企业，其多元化程度存在明显差异。如图3–3显示，欠发达地区的家族企业开展了更多的多元化战略，其多元化程度为0.295，而中等发达地区多元化程度仅为0.191，明显低于欠发达地区。高发达地区家族企业多元化程度居中，为0.245。这一现象出现的原因可能是2000年的西部大开发等系列政策的出台，为西部欠发达地区创造了更多的机会，同时市场化程度较低促使企业需要进行更多的多元化，以降低交易成本。而东部高发达地区具有历史优势，经济发展快速同样带来较多的市场机会，同时，相对规范的市场秩序促使其多元化收益低于欠发达地区，进而表现为多元化程度低于欠发达地区，高于中等发达地区。此外，对这个现象的另一种可能的解释是，东部高发达地区企业起步较早，经历了多元化扩张与快速发展过程后，受到全球经济危机的冲击，反而削减企业业务进行归核化，使企业重新集中于同类业务市场。如帅康集团，2005年剥离空调业务重新回归厨卫家电领域，取得了较好的效果。

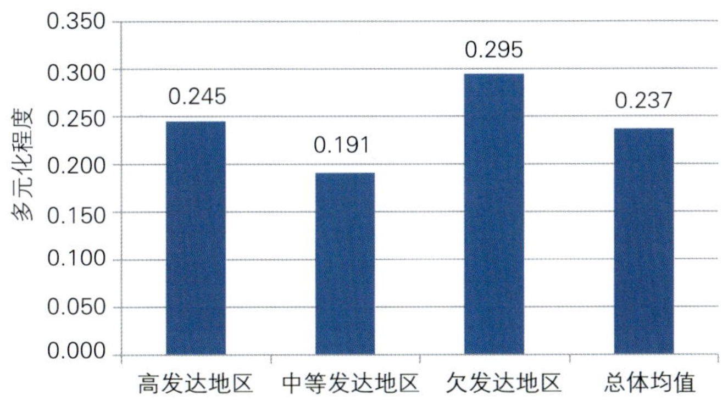

图3-3　不同地区家族企业多元化程度差异

本研究发现，不同行业间多元化程度存在明显差异。制造业企业多元化程度为0.221，而非制造业企业为0.296，制造业企业的多元化程度显著少于非制造业企业的多元化程度（见图3-4）。此分析结果表明，制造业的家族企业普遍更聚焦于专业领域，这也符合行业发展需求。

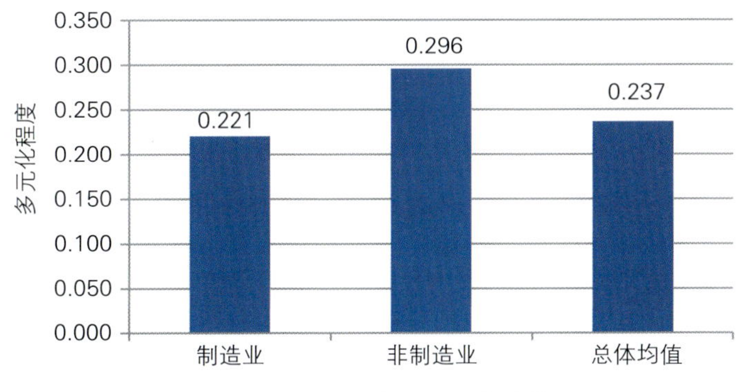

图3-4　行业间多元化程度差异

2. 企业因素影响

从企业层面的因素来看，企业成立时间长短与企业多元化程度显著正相关，如图3-5所示，企业成立时间越长，多元化程度越高。成立超过20年的企业拥有最高的多元化程度，达到0.279。成立时间短于10年的企业，其多元化程度则明显低于总体均值。这一现象出现的原因，可能是家族企业在我国新兴市场环境中经常受到外界机会诱惑，逐年增加业务内容，企业成立时间越久，累计的业务种类越多。

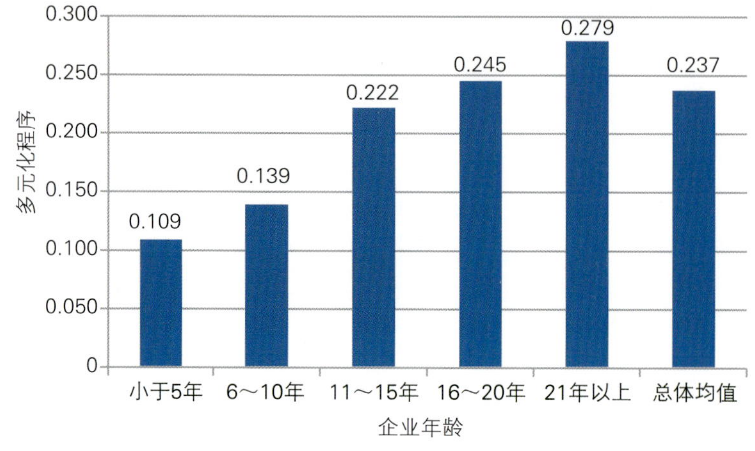

图3-5　企业年龄差异

众所周知，大规模[①]的企业更有能力采取多元化战略。然而，此次研究分析发现，不同规模的家族企业在多元化业务程度方面并没有明显差异。尽管大规模的企业多元化程度高于中小规模企业，达到0.272，但三种规模的企业之间的差异在统计上并不显著（见图3-6）。这一结论出现的原因很可能是因为本次研究样本主要为大规模上市公司，中小企业样本仅占十分之一，样本数据的差异过大导致数据结果不显著。因此，可以认为本研究结果符合常规认知，大企业往往拥有更多的多元化业务。

① 企业人数为1～100人的为小规模企业，101～300人的为中规模企业，301人以上的为大规模企业。

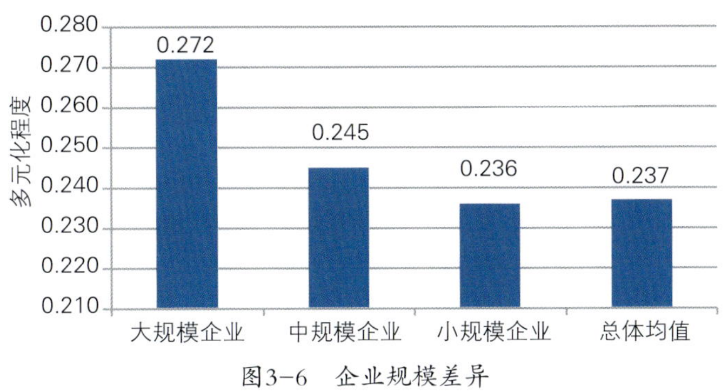

图3-6　企业规模差异

此外，企业经营状况也会影响其多元化战略。根据过度自信理论，企业经营者受到过往良好绩效的鼓励，容易盲目乐观，进而高估投资项目的收益，促使企业进行多元化。此外，较好的经营状况同时也为企业带来冗余资源，进而为多元化战略的实现提供了资源基础。因此，有理由相信企业经营状况会对企业多元化战略带来一定影响。根据企业经营ROE（净资产收益率），本研究将企业划分为盈利组与亏损组。结果发现，两种类型的企业其多元化程度分别为盈利企业多元化程度0.237，亏损企业多元化程度0.239，但差异并不显著（见图3-7）。对此结果的解释可以从两个方面展开：一方面，较好的经营状况促使企业拥有较多的冗余资源来进行新产品、新产业的开发与探索，进军新市场；另一方面，逐渐下滑的绩效表现可能促使企业更加积极地探索新的发展路径，开拓新市场机遇，从而扭转企业困境。两种效应导致企业不论是在盈利还是在亏损状况下都可能开展多元化业务，冲淡了企业绩效表现对企业多元化战略的单一影响。

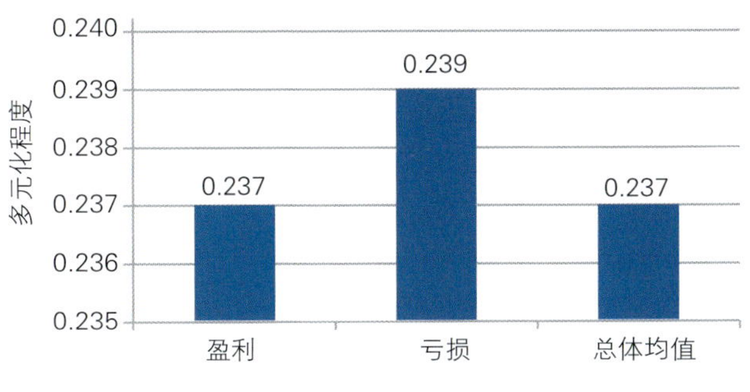

图3-7　企业经营状况差异

3. 家族因素影响

本研究还检验了家族因素对企业多元化战略的影响。学界往往以家族股权参与和管理权参与作为家族参与的直接测量因素，探索家族参与对企业战略行为的影响。本研究发现，家族参与程度越高，多元化程度越低（见图3–8）。这一结论与家族企业多元化战略的研究结论相一致。学者认为，家族企业同样可能因为追求社会情感财富（家族从企业中获得的非经济效用）而牺牲部分经济利益，选择更少的多元化战略。此结果不仅展示了家族参与对企业多元化程度的负向影响，还引发了新的思考：为何家族参与程度越高多元化程度越低？一方面是家族独特的非经济目标的追求，期望家族效用最大化而不是股东利益最大化；另一方面，也可能暗示着家族亲密管理模式带来的管理能力制约，有限的家族人才储备可能限制了新业务的拓展。针对这一可能，一方面家族成员应加强人才培养规划，从质量和数量上增加家族管理人才，提升家族管理人才储备量；另一方面，则需要寄希望于职业经理人市场的逐步规范，为家族引进优质职业经理人提供良好的市场环境。

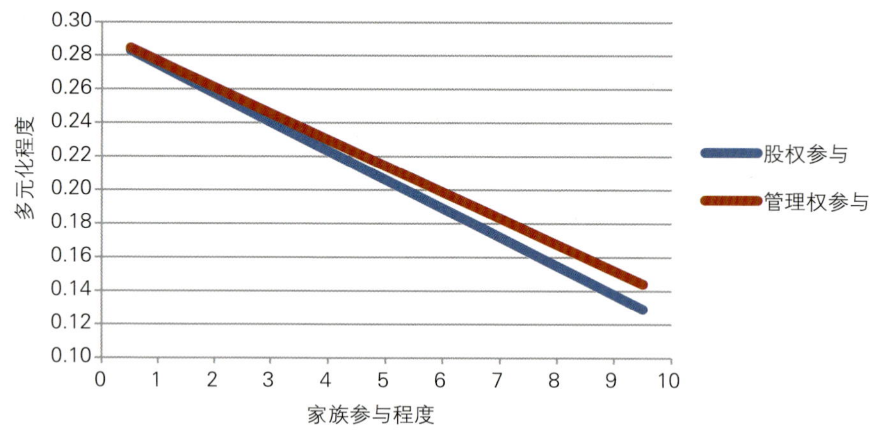

图3–8　家族参与对企业多元化程度的影响

通过现实观察，我们知道家族参与企业往往是复合的，即可能同时存在管理权和股权的参与，不同参与方式可能带来不同的影响。结合家族企业定义，本研究将家族参与划分为仅股权参与、股权结合管理权参与两种类型，分别检验它们的多元化程度的差异。通过数据分析发现，我国家族企业上市公司大部分有家族股权参与和管理权参与，占总体的三分之二左右，另外的三分之一只有家族股权参与。分析结果表明，家族仅进行股权参与的企业拥有更高程度的多元化程度，达到0.324（见图3–9），而同时存在股权参与和管理权参与的企业多元化程度明显低于行业平均。对此，可用社会情感财富理论视角进行解释，放弃家族管理权的家族类似于非家族企业往往更加追求经济目标，因此仅进行股权参与的家族企业更可能趋向于追求多元化带来的经济收益而拥有较高的多元化程度。而同时存在股权参与和管理权参与的家族企业则服从家族企业保护社会情感逻辑，为了避免多元化带来的家族控制权稀释情况，表现为更低程度的多元化，仅为0.198。这一结论暗示着家族企业内部存在着巨大的差异性，其内部差异性可能大于家族企业与非家族企业之间的差异。我们对家族企业的界定不能仅仅以家族掌握企业股权多少作为唯一的判定标准。多维度、多层次考虑家族参与及其对企业战略和行为的影响是未来研究与企业管理实践中需要着重关注的内容。同时，针对家族管理权参与程度的提高带来更低的多元化程度的现象，也存在另一种解释逻辑，即家族管理意味着家族对亲密管理模式的偏好，而有限的家族规模意味着家族人力资源的局限性，有限的优秀家族管理人才限制了企业多元化战略的开展与实现。

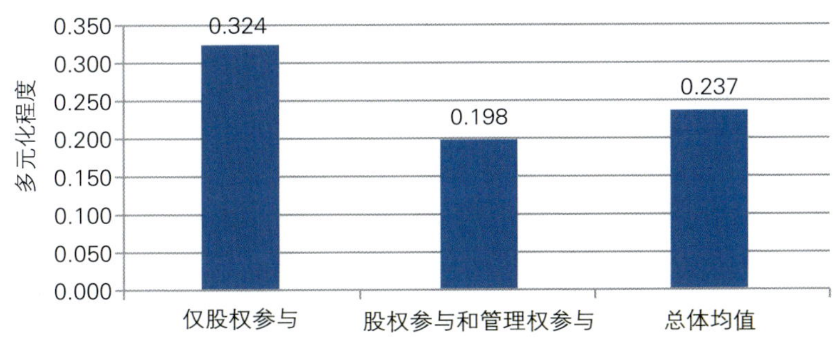

图3-9 不同家族参与类型对企业多元化战略的影响

4. 个体因素影响

家族作为企业特殊的外部环境，影响着每一位创业者并渗透在企业发展过程的每一个阶段。由于我国家族企业发展晚于西方发达地区与国家，现阶段国内家族企业大部分仍处在一代创始人控制之下。企业家个人的经营能力，以及其所能给企业带来的资源等最终能够促进企业的可持续成长，同样也会对企业多元化战略产生影响（贺小刚、林古艳，2009），因此，有必要探究个体因素对企业多元化战略的影响。为此，本研究分别分析了企业家性别、年龄、受教育程度和企业家是否存在政治连带四个方面的差异，其是否会影响其所在企业的多元化程度，具体分析结果将在下文详细展开。

性别因素影响着企业家的风险偏好、领导风格等各个方面。本研究首先分析了男、女企业家在多元化战略上的差异表现。数据分析结果表明，企业家性别不同时，企业在多元化战略偏好上存在明显的差异。女性企业家所在企业的多元化程度较低，为0.181，男性企业家所在企业的多元化程度为0.242。这一结果表明女性企业家相比于男性企业家在多元化战略方面的表现略显保守，明显低于样本总体均值0.237。

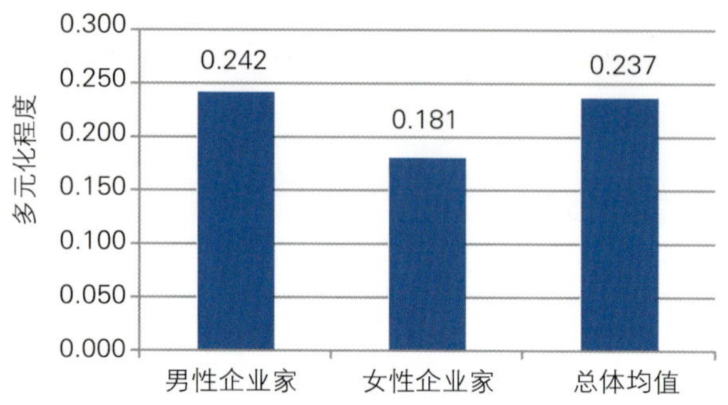

图3-10　企业家性别对家族企业多元化程度的影响

其次，本研究发现，不同年龄段的企业家所在企业的多元化程度存在明显差异，表现为年龄越大的企业家所在的企业拥有更高程度的多元化。50岁是明显的分水岭，51～60岁企业家所在企业的多元化程度为0.257，61岁以上企业家所在企业的多元化程度为0.262，明显高于0.237的平均水平。较为年轻的企业家所在企业的多元化程度则明显较低，特别是年龄小于40岁的企业家组，企业多元化程度仅为0.149。这一现象出现的原因可能是年龄较大的企业家具有更加丰富的行业经验和社会关系，社会资源丰富，因此，其可能促进企业展开更多的多元化。而年轻企业家在这方面可能存在一定局限性，因此多元化程度较低。

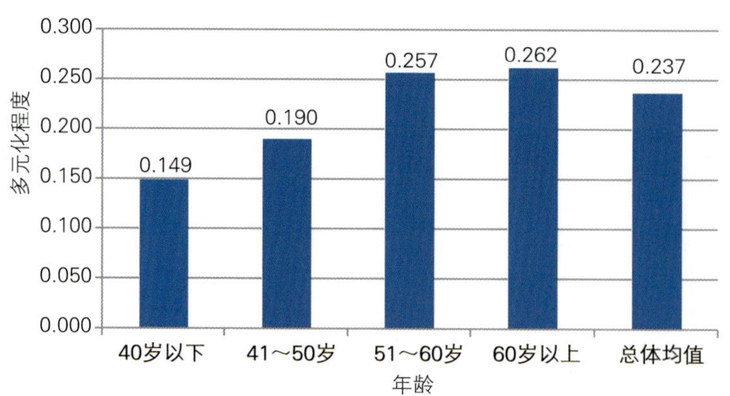

图3-11　不同年龄企业家所在家族企业多元化程度差异

考虑到历史因素，我国一代创业者之间受教育程度差异悬殊，受教育程度的差异直接影响了其思维模式与行事风格。本研究通过数据分析发现，不同受教育程度的企业家对企业多元化战略的偏好存在显著差异（见图3–12）。从受教育程度看，拥有大专学历的企业家对多元化战略的偏好明显高于其他受教育程度的企业家群体，而拥有博士学历的企业家所在企业的多元化程度明显低于其他各组，方差统计差异显著。这表明高学历企业家更可能了解和熟悉独特的技术，专精于某一技术领域，注重专业化与精细化，进而可能较少地实施多元化战略。

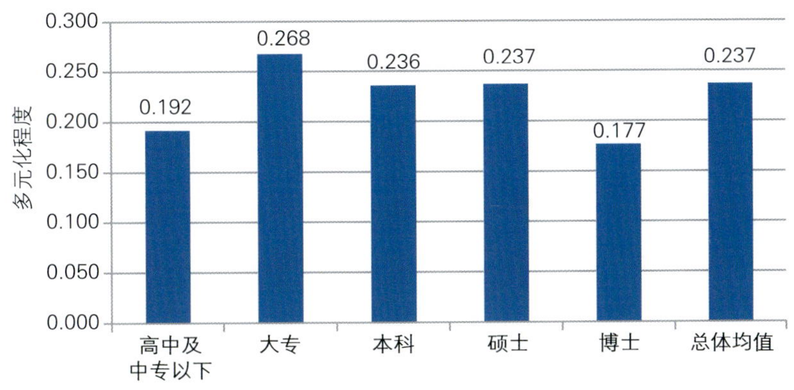

图3–12 不同学历企业家所在企业多元化程度差异

此外，企业家个人的社会资源可能为企业带来更多的外部资源和机会，进而可能影响企业多元化战略。本研究通过数据分析发现，企业家是否具有政治资源对其企业多元化程度存在明显影响（见图3–13）。通过搜集企业家是否曾经或正担任人大代表或政协委员作为其政治资源的测量方式，探索其与企业多元化程度之间的关联程度。结果表明，有政治连带的企业家所在的企业反而拥有更低程度的多元化，而没有政治连带的企业家所在企业的多元化程度高于样本总体均值。这意味着缺少政治资源的企业家所在的上市企业反而可能选择更多的业务。这一现象似乎与现实相悖，有可能是因为本研究样本仅包含了家族企业中已上市的部分，有政治连带的企业可以通过更多途径获取资源和信息，因此仅将部分业务上市。而没有政治连带企业家所在的企业则对上市获取资源有更多的依赖性，因此需要将更多的业务上市进而获得更高的社会信心，借此获取资源。这也暗示着上市公司样本在这一问题的探究上存在一定的局限性。针对政治连带对家族企业的影响，我们需要进行更深入的分析，如采用案例调研，进而全面分析一个家族集团的政治资源带来的影响。

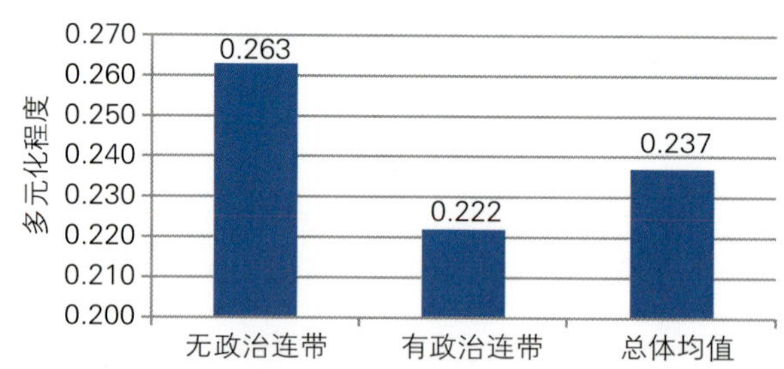

图3-13　有无政治连带企业家所在家族企业多元化程度差异

第五节　二代参与和多元化

我国家族企业由于历史原因起步远远落后于西方发达国家，国内家族企业绝大部分还处在一代到二代的首次传承之中。这一过程不仅包括股权、管理权和财富的转移，还包括家族企业战略的变化。在复杂的传承过程中，二代的影响不容忽视。有调查结果显示，中国家族企业二代接班意愿比例较低。不同于一代企业家，二代往往拥有更好的教育背景，与一代企业家的领导风格存在极大差异，因此有理由相信二代参与企业会对企业带来明显影响。本研究分别探究了是否存在二代参与、二代参与类型、二代性别和学历等差异对其所在企业多元化程度的影响，具体描述将在下文展开。

总体而言，本次调研的305家家族企业中共计有172家企业存在二代参与，二代进入企业的平均年数为8.67年，这意味着近56.4%已经或正在发生传承，（见图3-14）。有代际参与从另一个角度说明了家族企业已经有下一代的参与，无论企业是否已经完成了传承，有代际参与的企业至少已经开始考虑传承问题。而这也可能意味着，有传承意愿的家族企业可能会随着子女进入企业，根据子女进入方式、参与方式、爱好调整企业业务结构，从而其企业多元化程度发生变化。

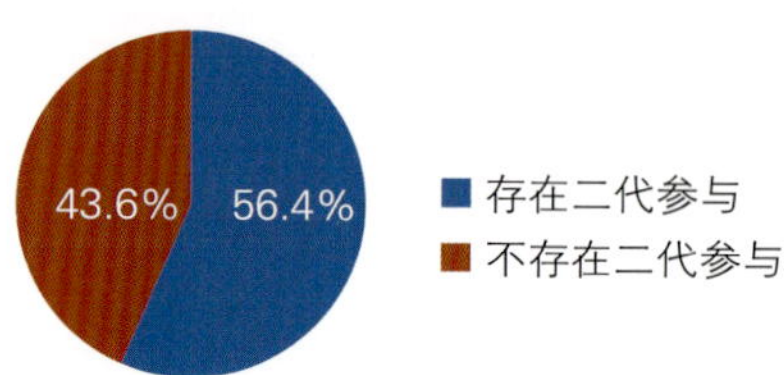

图3-14　家族企业二代参与状况

本研究具体分析了各家族企业二代参与的程度。存在二代参与的企业，其中股权参与比例均值为15.0%，管理权参与比例为12.5%，两者相差较少（见图3–15）。显然，在中国国内上市公司家族企业中，不论是股权方面还是管理权方面，二代参与程度都还处在较低水平，这表明我国家族企业尚处在传承的前期阶段，距离二代完全接管企业还有很长一段路要走，更要密切关注与重视二代参与可能给企业带来的影响与变化。

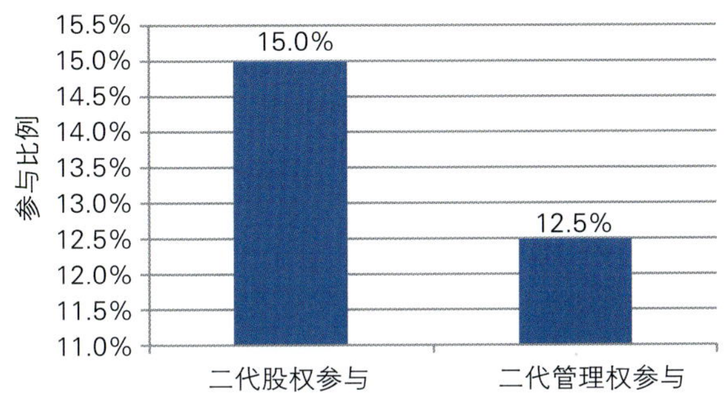

图3–15 不同类型二代参与程度

本研究发现家族企业是否有二代参与，其多元化程度之间并没有明显差异。研究结果表明，存在二代参与的企业多元化程度略高于总体均值，为0.247，而不存在二代参与的企业多元化程度为0.228，低于家族企业总体均值（见图3–16），然而这一差异从统计学上讲并没有显著差异。简单地用是否存在二代参与来衡量传承对企业多元化带来的影响，忽略了很多重要信息，这一结果意味着需要用更多的指标来探索二代参与可能带来的影响。

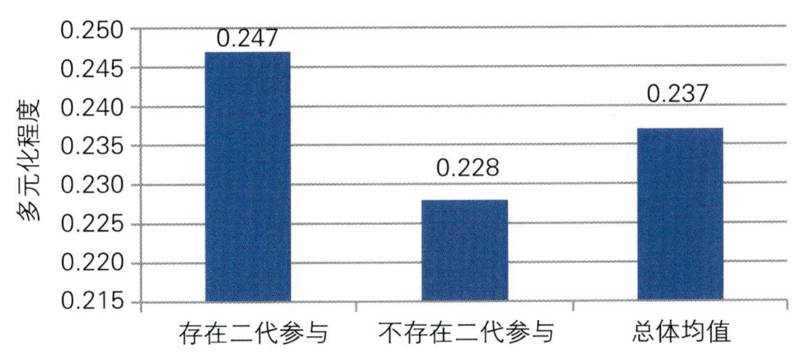

图3–16 不同二代参与类型企业多元化程度

本研究结合家族参与企业的方式，将二代参与分为仅股权参与、管理权参与、同时参与股权和管理权及其他参与方式（仅参与企业工作但不担任管理职务）。图3–17所示为不同参与类型的具体比例。其中股权参与占到总体的19.69%，管理权参与占25.66%，同时拥有股权参与和管理权参与的占到18.74%，而其他参与类型占到35.91%，这一分配比例意味着家族上市公司存在多种类型的参与方式。

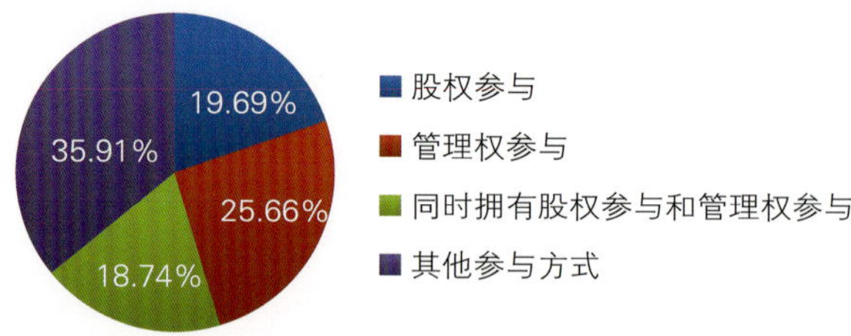

图3-17　二代参与类型比例分配

进一步，本研究探究了上述参与类型与企业多元化之间的关系。结果表明，二代参与的不同类型企业的多元化程度存在显著差异。与上文提及的家族股权参与对多元化影响相一致，仅存在二代股权参与的家族企业多元化程度为0.291，高于存在二代参与样本的均值0.247（见图3-18）。显而易见，仅股权参与往往意味着家族放弃了部分社会情感财富，而二代的参与却意味着家族对于传承的重视，结果表现为仅存在二代股权参与的家族企业多元化程度高于均值，但低于家族总体股权参与样本中的多元化程度。仅存在二代管理权参与的家族企业多元化程度最低，仅为0.180。不同于股权参与，二代成员的管理权参与常常意味着家族更强烈的控制意愿，而家族有限的人力资源及亲密管理模式都限制了企业多元化的发展，因此表现出更低程度的企业多元化。同时，具有二代股权和管理权参与的企业的多元化程度同样低于总体均值，仅为0.218，但高于仅存在二代管理权参与的企业。其他方式的二代参与的家族企业多元化程度最高，为0.337。此类家族企业往往传承意愿较低，因此，企业对家族来说更可能是为了满足经济追求。在新兴市场环境下，此类家族企业更可能追求相对较高的多元化程度以实现经济追求。

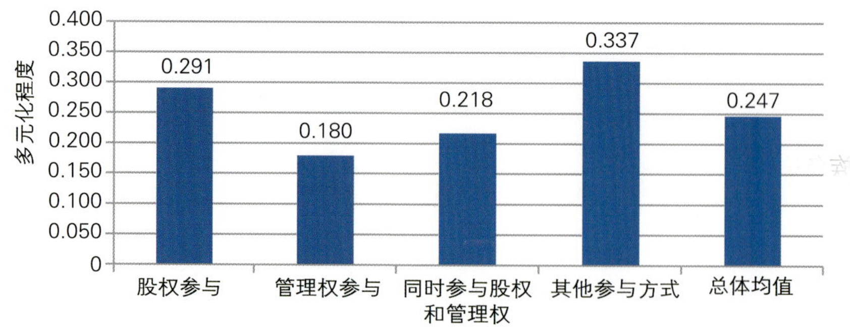

图3-18　不同二代参与程度对企业多元化的影响

本研究还统计了二代性别不同，其所在企业多元化程度的差异，但结果表明二代性别的差异对企业多元化的影响并没有明显差别。从图3-19中可以看出，男性二代与女性二代参与的企业多元化程度分别为0.253和0.207，两者虽然有所差别，与总体家族企业样本中企业家性别带来的影响相似，但两者在统计学上并没有显著差别，可见男女后代对其所在企业多元化程度的影响并没有统计学上的差异。

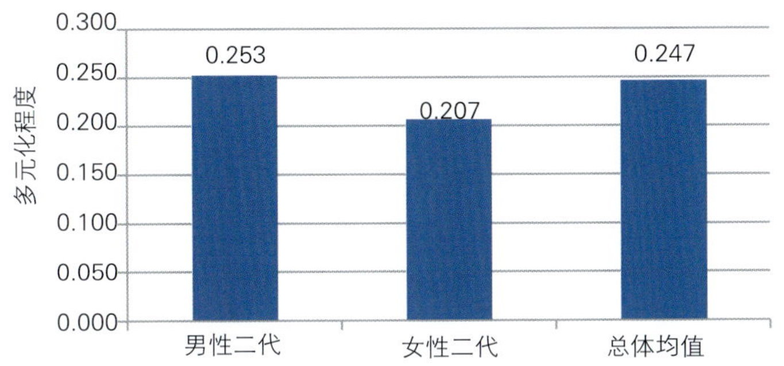

图3-19　不同性别二代所在企业多元化程度差异

第六节　典型案例

案例一　新光集团

浙江新光控股集团，以流行饰品起家，发展至今旗下共有包括新光饰品、万厦房产、富越控股、新天国际等40多家全资子公司，总资产超过百亿元，是浙商群体中令人瞩目的新兴力量，成为义乌有代表性的龙头企业。集团名字“新光”分别是创始人夫妇虞云新和周晓光名字中的一个字，这个名字注定了这是一家充满家族色彩的企业。

时光荏苒，新光控股集团一路走过风风雨雨，逐步发展壮大，迎来了创业的第21个年头，家族新生代渐渐长成并进入企业。显而易见，家族新生代与企业创业者之间存在截然不同的教育背景与兴趣爱好，家族新生代对企业现有业务板块的认可程度及其自身的职业追求，都影响着新光控股集团未来的发展方向。正视代际差异的必然性，我们不禁要问，“新光”家族将如何实现企业在转型升级潮流中的新腾飞？又将如何顺利解决交接班难题，实现所有权和管理权的平稳过渡？不同于创业者粗放的管理模式，新生代更为精细和学院派的管理模式是否会出现“水土不服”的问题？

新光控股集团地处浙江省义乌市，集投资、饰品、地产、互联网于一体，旗下新光饰品位居行业龙头，是“全球最大的饰品工厂”；旗下万厦、新光两家房地产分公司占据浙中领导地位。该集团由董事长周晓光及其丈夫虞云新于1995年共同创立，周氏家族姐妹及其他家族成员随着企业的发展需求逐步加入企业，逐渐形成了如今庞大的家族企业集团。具体家族成员情况参照图3-20。周氏家族四代人同堂而居，关系和睦，是浙中地区的一大佳话。

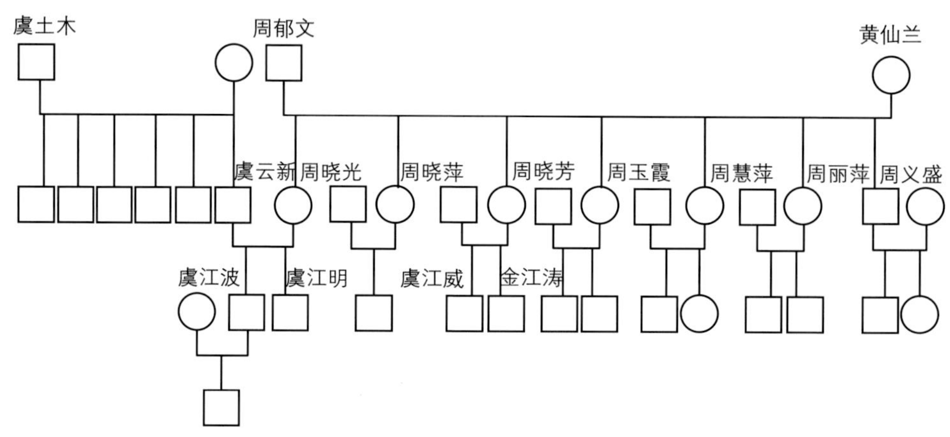

图3-20　新光家族家谱

新光集团多元化战略

通过一系列调整与转型升级，新光集团平稳渡过了两次金融危机，带动了整个行业的发展，解决了超过10万人的就业问题，受到了各界的关注和广泛赞誉。

（1）整合资源，多元发展

2007年，在全球经济危机大爆发前夕，周晓光凭借着敏锐的商业嗅觉和信息分析，重新审视集团产业，逐渐开始关注其他副业。通过建立海外分公司、进一步投资房产、收购富越投资等调整与布局顺利渡过2008年的金融危机，形成了如今的格局。发展至今，新光集团主要有三个业务板块，包括流行饰品、房地产和对外投资。其中流行饰品仍然是企业的基础性产业，有企业员工2000余人，最多时达到6000多人。随着经济的不断发展，顾客需求不断变化，流行饰品市场趋于饱和，但对新光家族来说，饰品是起家本业，虽然现在量偏少，但有其标志性的意义，必须维持住行业的龙头地位。

2004年，新光集团成立新光房地产开发有限公司，并成功收购浙江万厦，正式进军房地产业。虞云新带领着原万厦团队，从金华、东阳、义乌等周边城市出发，向全国开发商进击，而周晓光、其他家族成员则坚守饰品作为集团主业。房地产作为一种资本密集型产业，需要企业投入更多的资源。进入这一新产业，一方面是由于其行业经验的积累，另一方面则是源自新光家族良好的社会网络和政治关联。2008年是房地产发展的一个低谷，土地价格走低，新光逢低拿地，2009年房市回暖，一下子打开了新光集团的房地产市场。新光集团累计开发面积达200多万平方米，包括义乌财富大厦、国贸大厦、新科花园、新光天地、义乌世贸中心大型城市综合体等10余个项目。

2004年，新光集团开始涉猎投资行业，联合义乌四大企业建立“义乌资本联盟”。投资板块始于富越投资集团并购的成功实现，以资源和能源投资为主。2011年，新光集团成功收购了新天公司（原为国有，旗下有一上市公司），进一步拓展了资源投资，包括旅游、物业和土地资源，开发了新疆地区的煤矿和哈萨克斯坦地区的两个油田。此外，新光集团还进行了农业投资，如在东阳、诸暨交界处的一万亩山地种植经济作物香榧；进行系列的金融投资，如投资基金公司、投资义乌商行，作为其中唯一的民营股东参股百年人寿，进入保险行业等；投资商业零售业，如收购美丽华集团，通过二级股票市场收购武汉中百9.48%的股份。

随着多种业务的拓展，企业综合实力逐步提升，由完全地方性产业转变为全国性产业，业务实现更多突破，资产规模由2008年的100亿元发展到2013年的200亿元。至此，新光具有了多元化的发展重心，实现了集团投资组合的多元化。如今，其在饰品行业的业务已进入成熟期，发展减缓，房地产和投资板块比重遥遥领先于饰品板块，达到80%。

2016年4月26日，新光圆成股份有限公司（股票代码002147，证券简称“新光圆成”）在深圳证券交易所正式重组更名挂牌上市。新光圆成百分百收购了新光集团旗下万厦房产和新光建材城。如何整合新上市公司资源，实现企业文化整合与业务整合，及时调整主营业务的方向，将会是新光控股集团下一步面临的核心问题。此外，面对宏观经济环境的不断变化，在存在较大的通货膨胀率，同时存在滞涨的情况下，新光集团该如何实现核心行业的不断创新?

（2）提升软实力，人才为本

随着企业的不断扩大，周晓光夫妻俩发现了经营的困境：在规模扩大的同时，经营管理的难度也急速增长。对此，夫妻俩采取了三个措施：第一，自我充电。周晓光自己多次参加管理课程等学习，并鼓励和支持家族成员、企业成员通过出国深造和进高校学习等方式吸收学习先进的管理理念。逐步实施“飞鹰计划”，在集团内部抽取员工，组织团队培训。除此之外，对基层员工也会进行专业化的培训。此外，还包括传统文化、专业、励志和素质拓展培训。第二，聘请高素质管理人才和团队，带领集团原有团队一起进步。如聘请栗玉仕作为集团执行总裁、聘请义乌商城集团前任总裁陈勇执掌富越控股等。第三，完善内部制度建设，加强企业管理规范化职业化。

领导人勇于放权的魄力和新光家族的向心力、凝聚力，形成了“家族成员领导+外部职业经理人团队”制，家族成员和企业老员工管理能力的不断增强、优秀人才的引进以及企业制度规范的建设，有效提升了新光集团的综合能力，有效实现了新光集团的多业务快速高效开展、各业务平稳持续增长、家族资产不断增加。

新光家族同样关注非家族员工的福利。从1995年创立以来，一直留在集团的员工超过1000人，在企业的规章制度外，建设人性化关怀是其留住人心的一大原因。许多员工进入集团的时间超过10年，特别是中基层岗位、技术和财务岗位的员工，在新光成家立业，结婚生子，成立了“新光家庭”。

新生代的加入致力于新光新的发展

目前，新光集团的接班布局已经非常明确，周晓光夫妇的长子虞江波已经在家族企业的主营业务中统筹布局，在其感兴趣的电商以及投资领域一展所长。

虞江波的童年与青春期，正好经历了家人的创业阶段。2008年毕业回国后，他进入企业基层，经过两年的锻炼，接手集团主营业务，上任饰品公司总经理，入职后实现了饰品公司每年20%的销售额增长率。新光家族的传承过程，更偏向于合作式传承模式。管理权的交接共计用时5年，初步实现了新光饰品公司管理权的交接。进入企业之初，虞江波被安排到基层技术部门工作，随后进入研发部门，此后转做销售总监助理，进行了为期两年的工作，基本掌握了新光饰品的技术和市场需求，对集团情况有了深入了解，然后开始做负责销售的副总经理，时机成熟后，被提拔为新光饰品总经理。

在对原有产业的接班与发展方面，虞江波作为饰品行业负责人，主要负责决定饰品业务的战略方向，初步计划做多品牌的集合点，主推零售和品牌建设，从生产转型到零售。同时收购中高端饰品品牌，重点推动品牌集合店的发展。2013年，他在上海试点开了4家店；2013年，他收购了美国公司，进一步实现饰品的国际化发展。在决策过程中，周晓光能够大胆放权，让虞江波带着团队实现自己的想法。

优渥的物质条件为家族新生代提供了较高的起点，但同时也为其带来了更大的压力，比如怎样证明自己并表现出不逊于父辈的优秀。对于这个问题，虞江波选择将自身的创业整合到公司的板块之中，实现两者的有机结合。他一方面通过创业经历，提高自身能力并在企业管理层中建立威信，促进家业由家族创始人向家族新生代的过渡和传递，另一方面，通过创业活动，实现经营自身兴趣所在的产业，促进企业整体的产业升级，为企业的再一次腾飞提供契机。在企业原有产业发展上，除了饰品行业，虞江波计划进入地产业务，收购新天以后，后续发展酒店、旅游和地产。在创业方面，虞江波在互联网浪潮中找到了自己的创业项目，跟菜鸟公司合作，发展网络仓储，在全国范围内建立主仓和副仓，并组建专业团队进行打理。主仓全部由自己直接打理，副仓则采用类似于加盟商的形式，由当地仓库的所有者负责打理，由新光的网仓部门提供技术支持。目前其在杭州、东莞、金华、丹阳等地分别建立了一个仓，并且与EMS合作。虞江波在网仓创业中负责定方向和策略，整合优秀团队资源。此外，他还致力于提供解决方案，建立了淘趣网站，在网上帮助客户开店进行运营，发展海外渠道和海外业务。同时，虞江波还考察了解其他发展中国家，如考察南美的巴西等新兴市场，发现其电子商务仍停留在起步阶段，他期望能够在海外拓展物流业务。

在社会关系方面，周晓光掌握了优质的关系网络，为了顺利实现关系资源的传承，周晓光将自己的社会资源介绍给儿子，并且鼓励儿子进入企业家内部活动的小圈子。目前，虞江波也逐步建立了自己的社交圈，成为当地青年企业家中的领军人物。

案例小结

至今，新光集团仍处在管理权、股权、社会资源、家族财富的逐步转移过程中，传承过程尚未结束。这是中国家族企业传承的经典案例之一。通过理论和实践的研究，必须要承认，传承并不是一个断点，而是一个家族与企业在价值观、战略和行动等各方面逐步调整的过程。家族成员在传承前、传承中和传承后都应该逐步调整各自的角色，并在企业中进行相应的资源和战略调整，在家族系统中更需要进行长期规划和部署，以实现传承与企业转型的顺利过渡。

新光集团的发展明显可以分为两个阶段。第一阶段为企业战略升级，提升集团平台，这是在周晓光、虞云新领导下由新光家族创始辈主导的。第二阶段则由家族后代成员主导，创始辈支持，通过“家族内部传承+公司创业”进一步拓展集团版块，实现“互联网+”。

在第一阶段，新光家族通过多元化战略部署，顺利实现了企业组合升级，快速扩大了集团规模。新光家族通过多元化实现了不同业务之间的支持，稳步发展饰品行业，同时通过房地产打开企业局面。为了满足企业业务发展的需要，新光集团紧抓内部人才培训，建立家族与企业人才梯度，实现“家族成员领导+外部职业经理人团队”，整合外部市场机会与企业管理实力，确实提升了企业的市场竞争力。

在第二阶段，新光家族采用“家族内部传承+公司创业”模式来应对传承与转型两大难题带来的问题。此做法可为企业和家族带来两方面优势：一方面，家族后代成员进入企业，结合自身专业背景与兴趣爱好，开展公司创业，有利于提升后代的自信，并有利于后代在集团高管中树立权威，在潜移默化中解决可能出现的“老臣”问题；另一方面，可逐步实现家族企业的战略转型。虽然新光家族在二代接班的人选上早有默契，但家族长辈对所有后代成员都进行了精英化的培养和教育，为传承提供更多的后备选择，也为后续家族拓展提供了优质的家族人力资源池。这也成为新光家族持续多元化发展的必要条件之一。完成既定教育后，二代采用统一的企业进入方式——直接进入企业工作。家族根据每个人的专业与兴趣，为新进入的家族成员匹配相关领域的家族长辈，进行“师徒”式人才培养，使二代尽快熟悉与了解企业不同板块的运作模式。对于后代成员的后续发展，家族鼓励他们结合自身长处，进行创业活动。例如，对于虞江波的互联网创业活动，家族仅负责提供资金，放手让他自主创业，支持他将新创板块与集团现有成熟业务整合，实现线上线下销售平台同步发展。对于其他的家族后代成员，新光家族提供同样的资金支持，鼓励其发展创业。除了集团的主营业务“流行饰品”外，集团重心也将根据后代发展逐步调整。这一模式也为家族企业传承与转型提供了新的解决方案与思路。

案例二　方太集团

宁波方太厨具有限公司创建于1996年，发展至今短短21年已成为国内中高端厨电行业领军企业之一。目前方太在全国各地拥有员工15000余人，除了本土设计实力，方太还拥有来自世界各地的设计力量和前沿的高端厨房生产设备及国际工业制造先进技术；拥有包含厨房电器领域专家在内的400余人的研发人才团队、厨电行业前沿的国家认定的企业技术中心；拥有业内规模达8000平方米的、设施先进的厨电实验室，内设2个中国合格评定国家认可委员会认可实验室（电气、燃气），并新构建了行业具有前瞻性的创新研究院。

根据2017年中怡康数据，方太油烟机零售量份额达到16.4%，零售额更是高达23.8%，燃气灶的市场零售量份额为15.0%，市场零售额则是23.2%，仅次于老板电器。在海外市场方面，方太品牌已成功跻身美国、加拿大、澳大利亚、新西兰、泰国、马来西亚、巴基斯坦、印度尼西亚、新加坡等30多个国家和地区的高端厨电市场。方太始终坚持“专业、高端、负责”的战略性定位，在中高端厨电市场中，方太的品牌综合实力遥遥领先，近几年的增速更是远远高于行业平均发展速度。而方太作为一个民营企业，其成就与企业掌舵人茅忠群先生及其父亲茅理翔先生可以说是密不可分。

“上阵父子兵”

20世纪80年代，受到创业潮影响的供销科长茅理翔辞职下海，创办了飞翔公司，专营点火枪项目。很快飞翔的点火枪产销量达到了世界第一，茅理翔成为世界“点火枪大王”。然而好景不长。由于点火枪行业准入门槛过低，无序竞争情况严重，曾经的合作伙伴转眼间变为竞争对手，飞翔公司经营状况持续下滑，企业发展日渐艰难。昔日“点火枪大王”面临严峻的考验，是寻找突破改善点火枪业务的现状，还是索性寻找新的市场机会再次创业？此时恰逢儿子茅忠群硕士毕业，茅理翔说服儿子“回家就业”。

经过近两年的观察，综合考虑内外多方因素，茅忠群提出“我不想守飞翔的旧业，要创业”。他认为点火枪技术门槛低，价格战此起彼伏，行业竞争激烈，应该果断退出。他提出三点要求：“放弃点火枪，研发新产品；飞翔“旧人”一个不用，打造全新团队；离开乡下老厂，到城里开发区筹建新厂。”这三点要求得到了父亲的鼎力支持。可是，不做点火枪，做什么呢？为此，父子俩前往日本寻找新的市场机会及技术。最终他们发现在“民以食为天”的中国，厨电还停留在基础用品阶段，产品单一，技术落后，存在巨大的市场机会。经过协商，父子俩一致决定进军厨电行业。至此，父子俩终于在创业的大方向上达成了一致。接下来，他们面对的是如何将想法落实到产品。

首先，经过家族内部商讨，茅家父子决定了品牌和代言人。1996年新公司取名“方太”，并辅以国际化的英文名“FOTILE”，方太正式诞生。随后，理工科出身的茅忠群为了说服父亲选择将吸油烟机而非微波炉作为“方太”的主打产品，做了大量的市场调查。他认为由于中国人的烹调习惯，市场上对吸油烟机的需求远没有被满足，高端吸油烟机将是方太的一个突破口。他最终说服了父亲。经过聘请技术人员、引入工业设计理念等准备工作，第一代方太吸油烟机终于问世。这种“造型别致、吸排彻底、运转宁静、绝不滴油、拆洗方便、安全节电”的吸油烟机一炮而红，方太一跃成为行业第三。此役之后，茅理翔决定退居二线，将舞台留给年轻又有能力的儿子，开始了“带三年、帮三年、看三年”的传承阶段。在方太创立之初的头三年，茅理翔将产品研发权下放给儿子，之后三年将营销权

下放，再之后将经营权和决策权等彻底下放。父子经过近10年的角色相互调整和过渡之后，到2005年前后方太已经完全由茅忠群掌管。同时，方太的经营和管理在传承过程中保持着稳步发展。方太顺利传承的经验在于经营者对两个关键的掌握，一是产品，二是管理。在产品方面，方太年均保持5%的研发强度，进行系列产品创新，始终坚持高端定位，不打价格战。在管理方面，方太大量引入职业经理人，重视人才培训，借助外脑力量，提升企业内部管理能力，为企业稳步发展提供了坚实的基础。

继续专精主业

方太创立至今30余年，企业业务始终专注于高端厨电领域，坚持“专业、高端、负责”的战略定位，向着成为一家伟大企业的愿景迈进，致力于树立“百年品牌”。目前方太的业务涉及厨房电器、集成厨房以及海外事业三大领域。其中方太品牌专注于高端嵌入式厨房电器的研发与制造，目前拥有吸油烟机、嵌入式灶具、嵌入式消毒柜、嵌入式微波炉、嵌入式烤箱、嵌入式蒸箱、热水器、水槽洗碗机八大产品线。在产品方面，方太始终坚持着专业化。

在其他企业如火如荼地多头并进、百花齐放的年代，方太为何始终坚持厨电行业？本研究尝试先从内外部多方原因着手进行分析。其外部原因：一是因为行业特点，即厨电市场份额高度集中在龙头企业中。厨电行业的发展趋势是，高性能、高颜值、智能化产品已经成为基本需求，也是未来消费者的首要需求。方太需要不断改变创新才能够保持主业的持续发展，这也就意味着主业的经营占据了大量的物质资源和管理者注意力资源。二是因为市场仍在持续增长。奥维云网监测数据显示，2017年上半年，厨电零售额同比增长11.2%。其中中高端产品的消费比例上升，大品牌选择倾向凸显。加之目前中国正处于市场消费升级阶段，中产阶级消费群体的增多，让厨电业呈现出高端化升级态势。这也就意味着，目前方太的高端厨电市场仍在持续增长。总结而言，厨电行业尚存在着较大的发展空间，同时需要耗费企业较多的资源。

方太对高端厨电市场的坚持，其内部原因则可以归结为两个方面。一方面是难以转移的核心资源。强大的技术研发能力、科学质量管理体系铸就了方太品牌的坚实壁垒，促使方太成为世界厨房文化的代言人。可以说，方太在现有领域拥有竞争对手难以获得和模仿的核心资源（如研发能力、品牌优势、管理经验等），此类资源在不同领域的业务之间难以进行转移和复制。显然，多元化的学习效应、规模经济在方太难以实现，盲目开展非相关业务会带来较大的经营风险，且有可能对现有品牌造成冲击和威胁。另一方面是经营者理念及其对企业的持续控制。

曾有媒体如此描述茅忠群："当同龄企业家忙得两脚打转时，茅忠群对工作的处理却沉稳依旧；别人忙着应酬拼白酒，他却喜欢看《论语》；别人都在抢上市拼规模，而他却拒绝上市……"他对这一描述的回应是："我就是这样，也不准备改变。"拥有理工科硕士学位的茅忠群，重视技术，踏实、勤劳，在方太高端定位下提出"三不"原则（"不上市、不打价格战、不贴牌"），确保方太始终专注高端的目标，保持高品质的产品与服务，避免因为外界因素影响企业的核心业务。显然，多元化带来的快速发展与企业经营者的理念相冲突。与此同时，在方太创立之初，茅忠群的意见得到了父亲充分的理解和支持，9年的传承过渡，逐步强化了茅忠群对企业的控制，促使这一经营理念在企业中长期延续，深入人心。综合内外部因素，可以发现，方太目前在厨电行业这一肥沃的土壤上拥有充分的优势，在茅忠群的专注经营理念的指导下，它将会延续持续的专业化生产。

为了做好主业，方太也在多方面不断调整。首先，重视树立企业价值观。方太希望建立一个有信仰的企业，认为如果没有价值观，光靠制度，管理很难落地，而如果只有价值观，没有制度，价值观就在空中飘，所以必须是两者相结合，才能真正有效。方太已经摸索出一条"中学明道，西学优术，中西合璧，以道御术"的现代儒家管理模式。这里，"道"指的是中国的儒家思想，"术"则指的是西方的管理方法。这其实是一条以自律为主、制度为辅的经营管理之路。它提高了组织内部的凝聚力，为企业专业化发展提供了信仰支持。其次，重视品牌建设。方太从用户层面、员工层面、经营者层面和社会层面，多方位多角度打造企业品牌，通过品牌建设不断强化自身竞争优势，拉开与其他竞争者之间的距离。再次，建设现代家族制。方太强化管理团队建设，大量引进职业经理人，持续开展内部培训以及借助咨询公司"外脑"等措施，不断夯实企业内部管理的基础。在股权上家族控股，管理层面有家族成员，通过配股吸引职业经理人，为家族企业的持续发展不断续航。最后，坚持技术为本。方太抠细节，把控质量，方太从技术层面贯彻落实高端定位与品牌建设，为企业的专业化提供技术支持。

案例三　三花控股集团有限公司

三花控股集团有限公司成立于1984年，现拥有家用空调、商用空调、冷冻冷藏、家电控制和汽车空调及热管理系统五大系列产品，主导产品占有率全球领先，已成为享誉海内外的"全球制冷空调控制部件王国"。所谓"三花"，取自"管理之花，科技之花，人才之花"。三花集团曾荣获全国质量奖、中国制造业五百强等荣誉，拥有1700多项发明专利，主持起草多项国家标准与行业标准，旗下拥有一

家上市公司、四家高新技术企业、一个国家级技术中心及国家地方联合研发中心，是世界产量最大、品种最齐全的截止阀生产基地之一。凭着优良的品质和诚信的服务，“三花”牌产品远销欧洲、美洲、韩国、日本、东南亚及我国香港、台湾等几十个国家和地区，成为国际著名家用电器制造商全球采购的长期合作伙伴。公司还将在现有空调产品的基础上，向工业控制及自动化方向延伸。

然而，今天如此辉煌的三花集团的前身是新昌小山城中的一个小小西郊配件制冷厂。我们不禁要问，它是如何一步一步从小配件厂成为如今的行业领袖的?

三花的多元化发展

三花创始人张道才，原在新昌县西郊配件制冷厂担任供销科长，负责对外加工业务并选择自主定型产品。1984年，他被正式任命为厂长，负责新昌县西郊制冷配件厂的日常经营。随着研发工作的突破，该厂的二位三通电磁阀通过了海尔冰箱厂实机测试和浙江省科委鉴定，成功打破国外垄断，加快了冰箱国产化的步伐。通过量产该产品，张道才的企业算是在市场中立稳了脚跟。

1994年，在张道才创业十周年时，正式成立了浙江三花集团公司。张道才提出了“二次创业，振兴三花”的战略思想，明确“经营多元化、市场全球化、生产专业化”的战略思路，明确了三花多元化发展路径。为了贯彻落实这一公司战略，三花分别在融资、管理、科技、硬件设备和全球联盟五个方面做出了一系列举措。多元化发展往往需要大量的资本，为了快速融资，2001年，三花正式进军资本市场，并逐步部署上市融资。至2009年，通过定向增发，三花实现了制冷主业整体上市，解决了快速发展中的资金问题。在管理方面，为了匹配企业的快速发展，三花不断推行卓越绩效管理模式和建立战略管理体系等一系列工作，提升企业管理水平。在科技层面，三花总结提出“科技进步是企业发展的根本动力”，专注经营，创新发展，在企业内重奖企业科技创新员工与团体，同时积极寻找外部智囊，寻求新鲜血液，永远保持对新技术的敏感性。在硬件设备上，三花在2002年动工兴建大型综合性生产基地“三花（杭州）工业园”，使三花成为全球化经营的企业集团。最后，三花积极寻求全球战略联盟，通过在丹佛斯建立三花丹佛斯合资公司，与英国英维思集团达成协议，收购其旗下蓝壳公司的四通阀全球业务，成功晋级全球行业领袖。

通过上述五个部分的运作，三花成功地通过多元化战略快速实现了企业的发展扩张，形成了如今三花的制冷空调家电控制部件业务、汽车热管理系统与控制部件业务和金融资本与投资业务三大板块。其中汽车热管理系统与控制部件业务的发展则与家族第二代张亚波息息相关。张亚波在三花的多元化进程中发挥了至关重要的作用。

实现自我

家族新生代张亚波1996年大学毕业后并没有马上进入三花，而是根据自己的想法进入了一家日本的株式会社。经过一年历练后，他才接管了三花并购的一家上海公司，负责公司的日常运营。这一过程使其充分了解了企业运营的每一个环节。然而，这个收购的国有企业只有电阻器一个产品，公司收入远低于开销，因此，张亚波只能硬着头皮带该团队搞研发，寻找新的产品。这一搞就是好几年。一次偶然的机会，他发现汽车空调的控制面板似乎是个不错的产品，“那个时候抓住什么就上什么”，凭着这股一往直前的勇气，张亚波的企业开始了汽车空调控制阀和控制面板的研发和生产。家族企业的优势在此得到了体现，张亚波的项目得到了三花集团的投资。在亏损两三年后，通过不断研发，新项目开始盈利，翻开了三花汽车热管理系统与控制部件业务的新篇章。

这一项目逐步盈利后，张亚波回到了三花集团，跟父亲一起逐步推动企业的股份制改造。张亚波认为上市可以为企业带来声誉，同时，强大的外部监督能够有效提升企业治理，改变家长制的管理模式，为公司未来的发展带来根本性的变化。因此，他积极推动公司上市事宜，形成了董事会、厂管会一起讨论的决策模式。2003年张亚波担任集团董事、副总裁后，进一步强调要增强自主研发能力，并不断引进外籍专家和技术人员，同时在公司内部培训和储备技术、管理方面的人才，重视三花中的“人才之花”。随着市场的不断发展，中国制造的成本优势正在削弱，更多的发展中国家成为低成本的生产基地。张亚波发现制造方式、生产方式和渠道运营等都在发生着巨大的变化。三花开始推动商用制冷产品，实现了从家电领域到商用领域的一次跨越。2012年，三花进军新能源领域是张亚波进入接班轨道后打的一场漂亮仗。通过与以色列方面的合作，张亚波实现了太阳能光热技术的战略投资，推动三花真正实现从“成本领先”走向“技术领先”。

可以发现，张亚波接班以来，三花诞生了许多新的业务，但其经营战略与张道才的具有良好的延续性。因为张亚波将自己视作企业的职业经理人，认为资产是父亲的（尽管已经完成了股份传承），自己应凭能力来做好自己的工作，实现自身价值。因此，在公司战略上，父子两代人具有良好的延续性。父亲张道才更是在张亚波进入企业前就开始安排，通过股权转移，使“老臣”对企业交接班的进程心知肚明，推动有经验的高管协助张亚波逐步熟悉和了解三花的运营。父子俩的默契合作，促使三花的经营策略有良好的延续性。保持两块技术领先板块的持续深耕策略。在企业的发展方针上，张亚波坚持走研发、走技术，做技术领先的

企业，更是在2015年筹办了杭州三花研究院，成立了首个以企业为主体的科学技术协会。在制冷空调主业上，张亚波坚持“技术创新”，强调内部管理精细化。

同时，张道才父子在类似房地产等投资项目上的态度也相当一致，认为这些都是出于财务角度的临时性业务。对此类业务，父子俩认为自己并不熟悉，因此都偏向于选择更为专业的外部职业经理人进行打理。同时投资板块也积极投资技术领先的项目，将其视作一种未来的潜在业务，一方面是为了把握技术前沿，另一方面也是寻求新的发展可能，“以快应变”，紧贴市场一线，对市场变化做出快速响应、快速决策、快速行动，继续保持销售、利润和出口的稳健快速增长。

可以说，三花通过不变的技术追求，促使产品不断创新，同时通过多元化的业务发展推动企业快速变化，响应市场需求，为客户创造更多价值，为社会做出卓越贡献。

总结

新光、方太和三花三个企业对多元化战略有着不同的态度。新光集团将主业饰品行业作为一种家族历史情怀依托，快速进行非相关多元化，实现企业的转型式发展，二代的参与更是推动了新业务的拓展。方太则是在茅家父子俩的带领下在厨电行业推进品牌化发展。方太所有业务围绕企业核心业务领域，以研发带动产品更新，立志成为一家伟大的百年企业。与上述两者都不同，三花的三大板块分别是以老一代企业家为主的制冷配件业务，家族二代推动的汽车空调业务，以及兼具服务两大主业与探索新产业两种功能的投资板块。可见，三个企业在多元化战略方面拥有差异化的表现。结合上市公司数据分析，本研究分别从行业特点（发展趋势、技术要求）与二代参与方式剖析这一差异产生的原因。

虽然三家企业同属于制造业，但制造业涵盖广泛，深入分析不同的行业所处生命周期的特点就可以理解企业战略差异产生的原因。新光的主业为流行饰品行业，固定资产投入相对较少，行业壁垒低。随着国内市场消费者收入的增加，国内流行饰品行业逐步进入衰退期，企业需要寻找新的项目以实现企业战略转型。而方太的主业为厨电产品，主打高端产品。由于我国消费者的烹调方式相对稳定，在消费水平不断提高情况下，高端市场容量当然将随之走高，行业整体仍处于发展期。此外，厨电行业的发展趋势是重视技术及外观设计。根据产业特点方太需要投入大量的固定资产进行厨电产品生产，同时也需要持续的研发投入。高端厨电的行业进入壁垒高，随着近几十年的发展，行业竞争逐步呈现寡头垄断趋势，此时占有竞争优势的方太专精主业将会带来更大的优势。三花则表现为两大高相关产业相辅相成。与厨电行业相类似，控制器行业技术要求高，固定资产投入大，行业壁垒高。由此可以看出，如果所属行业技术要求高，固定资产投入高，处于行业发展期的企业更容易偏好于专业化经营，或者进行高相关的多元化，从而集中企业资源进行技术发展和设备投入，提升企业在行业中的竞争实力。而进入壁垒相对低、处于衰退期的企业，为了寻求企业的继续生存，应该展开更多的项目探索，快速实现多元化发展。

由上文可以发现，不同类型的家族二代参与方式使得所在企业的多元化存在显著差异。三家企业虽然同为家族企业，且三位家族二代成员都已经实现了所有权和管理权的转移，但其二代进入企业的方式明显存在差异。方太的茅忠群与父亲一起创立了方太，对企业的战略规划与设想也是在企业设立初期与父亲一起商谈后确立的，父子的经营理念在企业的后续经营中具有一致性。同时，作为共同创始人，他在企业创立初期的表现已经树立了自己的权威，在父亲退出企业管理后不需要重新建立员工信心。三花集团的张亚波是在大学毕业后，先进入家族企业收购的上海分公司工作。面临着企业的入不敷出，他快速找到新项目，实现企业创收，获得了其他人的认可。新光集团的虞江波则是在毕业后进入企业，直接负责流行饰品行业，面对着主打产业逐步下滑的状况，虞江波选择将自己感兴趣的产业与流行饰品行业相结合，创立物流仓储系统，开发网络平台拓展产品销售渠道，实现销售额的再次提升，进而逐步接管集团业务。总结而言，直接接管企业的家族二代可能为了实现自我，满足个人爱好，获取他人信任或在企业建立威信，更可能进行公司创业，推动新产业的拓展，实现企业多元化。而共同创业的二代企业家则在创业过程中已经实现了这些目标，因此更可能专精主业，其所在企业多元化程度更低。

文章参考文献

[1] 程炳卿，赖存理.义乌小商品市场发展研究 [J].浙江学刊，1997 (2).

[2] 贺小刚，林古艳.创业型企业的多元化扩张:基于企业家能力的解释[J].科技进步与对策，2009，26(10)：75-80.

[3] 李新春，张鹏翔，叶文平.家族二代认知差异与企业多元化战略调整——基于中国上市家族企业二代进入样本的实证研究[J].中山大学学报（社会科学版），2016，56(3)：183-193.

[4] Ansoff H I. Strategies for diversification [J].Harvard Business Review, 1957,35(5):

113−124.

[5] Gort M. Diversification and integration in American industry [M].New York: Greenwood Press, 1962.

[6] Markides C C, Williamson P J. Related diversification, core competences and corporate performance [J].Strategic Management Journal, 1994, 15(S2):149−165.

[7] Montgomery C A. Corporate diversification[J].The Journal of Economic Perspectives, 1994: 163−178.

[8] Williamson O E. Transaction−cost economics: the governance of contractual relations [J]. JL & Econ., 1979, 22: 233.

第四章

家族企业的国际布局

第一节　核心发现

1. 国际化程度逐年增强，走出国门有助绩效提升

从海外业务收入总体情况来看，2009—2015年，中国上市家族企业合计发生海外业务收入7687.94亿元。上市家族企业的海外业务收入金额逐年攀升，2015年的海外业务收入总额（1716.86亿元）约是2009年海外业务收入总额（436.87亿元）的四倍之多。

按海外业务收入金额占营业收入总额的比例来看，在2053个“公司·年”观测值中，共有1538个观测值产生了海外业务收入，约占总样本的四分之三。在这1538个“公司·年”观测值中，超过60%观测值的海外业务收入与营业收入之比未超过50%，约四分之一观测值的营业收入中有超过80%的业务收入来自海外。

在国际化业务的价值效应方面，随着上市家族企业海外业务收入占比的提高，上市家族企业的绩效也有所上升。由此可见，中国上市家族企业的国际化业务开展得较有效率，对提高企业绩效有所贡献。另外，如果结合以往研究中发现的倒U形曲线，这也可能是因为中国上市家族企业尚处于国际化进程的起步阶段，也就是说，可能处于倒U形曲线的左半部分，还未到达拐点。

2. 二代参与显著提升中国家族企业的国际化水平

目前，越来越多的中国家族企业开始进入从第一代到第二代的传承过程。随着第二代家族成员进入家族企业任职，家族企业的海外业务收入水平和比重也随之发生着变化。相对于一代而言，二代中有很大比例拥有海外留学经历，无论是知识背景、语言能力方面，还是对于全球化的认识和接受程度方面，二代进入企业任职对于家族企业的国际化业务都有着很大的促进作用，而且国际化业务也为二代进入家族企业工作提供了一个很好的施展平台和机会。因此，相较于尚没有二代任职的上市家族企业，已有二代任职的上市家族企业有着更高的海外业务收入和海外业务收入占比。而且，随着进入家族企业任职的二代人数的增加，二代的想法和主张在企业中能够得到重视的机会和程度也随之增加，上市家族企业的

海外收入占比有了显著提高。最后，从二代在企业担任的具体职位来看，当二代担任董事长或总经理时，意味着二代已经开始全面负责上市家族企业的战略决策和执行，对于上市家族企业的国际化战略能够发挥实质性影响，海外业务收入显著高于二代担任其他职位的上市家族企业。

3. 国际化业务仍以货物出口为主，国际化水平受地区制度差异影响

从行业差异来看，由于目前我国企业的外贸业务仍以实体货物出口为主，服务和技术出口仍处于起步阶段，因而制造业和非制造业的上市家族企业在海外业务收入总额和海外业务收入占比上有着显著差异。从地区制度差异来看，出口业务有着比内销更为复杂和漫长的业务流程，受到税务、财政、海关、工商等各方面制度的影响，而这些制度大多是由地方政府制定和落实具体政策的，因此，地区的市场化程度对于上市公司的海外业务有着很大的影响。无论是海外业务收入总额还是海外业务收入占比，高度市场化地区的家族上市公司的相应数值都显著高于中等市场化地区和市场化程度较低的地区。

第二节　理论基础

1. 公司创业与国际化

对于企业来说，将原有产品移植到新的市场领域或面向现有市场开发新的产品是十分常见的做法，一些企业甚至在开创新业务的过程中彻底摒弃了原有业务，进入全新市场，完成业务领域的彻底转型，这些都属于公司创业的范畴。关于公司创业在理论和实践的双重推动下逐渐形成了三个主要的研究方向：

一是公司创业过程，包括对公司创业类型的划分和公司创业阶段模型等；

二是公司创业强度、影响因素及其对企业绩效的影响，即公司创业强度的前因和后果；

三是国际创业，目前主要聚焦于国际创业对企业绩效的影响。

20世纪80年代末90年代初，相当数量的企业从创立开始就实施了国际化战

略。同时，越来越多的企业开始进入国际市场，参与全球范围的竞争。它们面对的国外市场不同于国内市场，面临着市场需求、竞争规则、民族文化等多方面的挑战，需要承担不同于国内竞争的风险（姜彦福等，2006）。以往对企业国际化行为的研究主要从经济学和组织理论的角度展开，而最近十几年以来，学术界开始从创业的视角来理解这一行为。从这个角度来看，企业的国际化行为又可以被称为国际化公司创业或是国际创业。广义的国际创业是指企业发现、选定、评估和利用跨国商业机会，以创造商品和服务（Oviatt和Mcdougall, 2005）。

从上述定义可以看出，国际创业实质上是跨越国界的价值创造活动，而对于企业来说，其从事跨国经营行为或是实施国际化战略的目的都是创造价值，都可以纳入国际创业范畴中。

2. 国际化模式

国际化模式是一种制度安排，也就是企业将产品、技术、人力、管理经验和其他资源转移到其他国家的方式。一个企业在实施国际化战略时，有很多可供选择的方式。这个企业可以在本国生产，然后将最终产品出口，也可以将技术、资本、人力等资源甚至企业本身转移到国外。

国际化模式可以分为出口模式、合同模式、投资模式和跨国战略联盟四大类。

（1）出口模式

出口模式是指将产品在母国制造完毕，然后再销往东道国市场，是在不同国家和地区的经济实体之间进行的跨边界商品交换活动。出口模式可分为间接出口和直接出口两种形式。

间接出口是指企业将其产品卖给国内的中间商，由其负责出口。间接出口的渠道很多，如出口管理公司、国际贸易公司、出口商行、出口代理商、合作出口以及利用国外驻国内销售机构将产品转售国外市场等。

以间接出口模式进行国际化的优点是：1）费用较少，既无出口贸易资金上的负担，又不需要亲自去海外做市场调研、建立专门的销售网点以及配备专门的人员；2）进入国际市场快；3）风险小；4）不必承担外汇风险以及各种信贷风险；5）灵活性大，长、短期业务均可开展。但是间接出口使企业对海外市场缺乏控制，所获市场信息反馈有限，利润亦有限，且不能获得国际经营的直接经验。

直接出口是指企业把产品直接卖给国外的中间商或最终用户。其主要途径有：设立驻外分支机构；利用国外的代理商，包括佣金代理商、存货代理商、提供零部件和服务设施的代理商等；利用国外的经销商；直接供货于最终客户。

选择直接出口模式进行国际化可以使企业获得较快的国际市场信息反馈，以制定更加切实可行的国际化战略；使企业摆脱中间商渠道与业务范围的限制，以对拟进入的海外市场进行选择；使企业拥有较大的海外经营控制权，可以建立自己的渠道网络；也有助于提高企业的国际业务水平。

当然，直接出口模式也有其局限性，如需要增加专门人才；成本比间接出口要高得多，需要大量的最初投资与持续的间接费用；在海外建立自己的销售网络需要付出更多精力。

（2）合同模式

合同模式是指在不涉及股权的条件下，拥有版权、商标、专利、技术诀窍、工艺的企业向东道国企业出售（转让）这些无形资产，或与国外企业结盟而进入东道国。企业通过与东道国之间订立长期的、非投资性的无形资产转让合同而进入东道国，具体包括许可证交易、合同制造、管理合同、技术协议、服务合同以及非贸易安排等方式。

许可证交易是指跨国企业与东道国企业签订许可协议，授权东道国企业使用跨国企业的专利、商标、服务标记、商品名称、原产地名、专有技术等，在一定条件下生产和销售某种产品，并向东道国企业收取许可费用。运用这一方式，跨国企业无须大量海外投资即可快速进入海外目标市场，而且可以避开关税、配额、交通运输费等不利因素，又易受当地政府欢迎，风险较小，不存在被没收、征用、国有化等风险；同时，产品若需修改，无须支付大量修改费用，即可在当地销售。但是跨国企业向被授权企业收取许可费时，对被授权企业控制力有限，特别是在产品质量、管理水准、营销努力等方面，当许可协议终止后，被许可方可能会成为国际企业潜在的竞争对手。

合同制造是指国际企业与东道国企业签订某种产品的制造合同。当东道国企业按合同要求生产出成品，再交由国际企业销售。这种方式的优点在于母国企业的资源优势可能在于技术、工艺和营销，而不在于制造；国外投资少、风险小；产品仍由母国企业负责营销，对市场控制权仍掌握在母国企业手中；产品在当地制造，有利于搞好与东道国的公共关系。但这样也有局限性，主要是难以找到符合要求的制造商；质量难以控制；利润需与制造商分享；一旦制造合同终止，东道国制造商可能成为国际企业在当地的竞争者。

（3）投资模式

投资模式是指本企业通过对外直接投资，在国外市场建立生产性的实体来进行国际化，成为跨国企业，其主要形式是独资企业（全资子公司）和合资企业。

独资企业是指跨国企业单独在国外投资建立企业，独立经营，自担风险，自负盈亏。独资企业又包括新建和跨国并购两种形式。

合资企业是指跨国企业和东道国投资商共同投资，在当地兴办企业，双方都对企业拥有所有权和经营权，即共同投资、共同管理、共担风险和共享利益。

独资企业可以使跨国企业独享利润，避免与当地的合作伙伴冲突，能更直接、更全面地积累国际经营经验，并将独资企业更有效地纳入其全球经营体系之中。但这种方式投入的资本远比其他方式多，风险也更大，因为相对合资企业而言，独资企业较难取得当地资源支持与政府部门、社会公众的认同。

（4）战略联盟模式

跨国战略联盟是指两个或两个以上的跨国经营企业，出于对整个世界市场的预期目标和企业自身总体经营目标的意愿，采取长期联合、在一定范围内合作的国际化方式。

战略联盟可分为纵向联盟与横向联盟。若从股权参与、合作的方式和联系的紧密程度等来综合考虑的话，战略联盟的主要形式包括少数股权投资、研发联盟、战略性合作协议、分包网络、虚拟企业等。

3. 国际化的动因

企业为什么要跨国经营？经济学家们从各个层面和角度探索和研究了跨国公司的行为特点及其作用与影响，提出了许多理论和主张。这些理论和主张的研究主要沿着两个基本的思路展开：一是国际生产要素的组合；二是跨国公司所面临的市场特征（特别是寡头垄断市场特征）。而这些传统的对外投资理论大多只适合用来解释发达国家向发展中国家的垂直投资，或是发达国家之间的水平投资行为。

近年来，发展中国家日益成为世界重要的对外投资来源。在中国，越来越多的企业制定和实施了国际化经营战略。根据联合国贸易与发展会议（UNCTAD）的调查，发展中国家实施国际化经营战略主要出于四大动因。结合中国实际情况，中国企业实施国际化战略的动因主要有寻求市场、寻求效率、寻求资源和寻求现成资产四种。其中，以寻求市场、寻求效率和寻求资源为主要动机的企业国际化行为都属于“利用战略”（exploitation），而以寻求现成资产为主要动机的国际化行为则是一种“探索战略”（exploration）。

（1）寻求国外市场

市场因素是推动中国走出国门、进入东道国的强大力量。中国的企业在实施国际化战略时，会特别关心如何规避贸易壁垒。

以寻求国外市场为主要动机的企业国际化行为主要发生在消费品和服务、电子部件、信息技术服务、石油和天然气等几个行业。国际化使得中国企业能够进入新市场并扩大业务。例如，在白色家电和个人计算机等行业中，以联想、美的为代表的中国企业通过对外直接投资成功地扩大了市场，成为全球性的企业。

（2）寻求效率

一方面，近年来中国的劳动力成本日渐升高，许多企业（特别是劳动密集型企业）开始将工厂转移到劳动力成本更低的国家；另一方面，中国企业面临的竞争压力也正在推动它们向海外扩展。这些压力包括来自低成本生产商的竞争和来自国外跨国公司的竞争。

以寻求效率为主要动机的企业国际化行为主要发生在电气和电子产品、成衣和纺织品等几个行业。基于这种动机的企业国际化行为大多面向发展中国家，如南亚和东南亚地区。

（3）寻求资源

中国作为发展中的大国，经济的快速增长使中国政府和企业常常担忧关键资源和投入会出现短缺，这反映在部分跨国公司对外直接投资的战略和政治动机上。政府会鼓励跨国公司设法开展对经济发展至关重要的原材料等的投入。中国的跨国公司已经或正在向具有丰富资源的国家和地区投资，特别是在石油和天然气方面，比如非洲、中亚、西亚、拉丁美洲和加勒比地区。

（4）寻求现成资产

以寻求现成资产为主要动机的企业国际化行为主要是发展中国家的跨国公司在发达国家进行的，中国近年来就有许多这样的例子。这些企业的主要动机是主动获取发达国家企业的品牌、技术和管理经验等现成资产。例如，吉利汽车收购沃尔沃的主要动机是弥补品牌短板、提高研发能力、获得关键技术、获取全球化的经销商网络、建立一流的管理团队和技术人才，从而提高吉利的国际竞争力。

4. 国际化对企业绩效的影响概述

国际化作为一种成长战略和多元化战略，对企业绩效的影响具有多维性。国际化为企业更有效地利用其特定资源创造了条件，企业能够在国际化过程中进一步发挥自己的已有优势，利用各国资源和要素禀赋差异并通过价值链的全球布局来实现总收益的最大化，通过不同国家市场间的资源共享和协调来创造更大的范围经济，因此，国际化有利于企业的组织学习和创新，并能促进新产品的研发和导入。更为重要的是，企业能够通过国际化来获取新的技术、知识和特殊的人力资源等战略性资产。但是，国际化也会对企业绩效产生负面影响，如国际化经营风险、由组织和环境复杂性导致的管理和监督成本等。上述国际化的正面和负面影响表明，国际化对企业的影响是多方面的。因此，在分析国际化对企业绩效的影响时，通常把企业绩效界定为企业整体的绩效表现，而不仅仅是国际化业务或海外经营绩效。

在已有的研究中，国际化和企业绩效之间的关系并没有统一的结论，既有同向变动、反向变动的线性关系，也有倒U形、U形等非线性关系，更有两者之间无显著关系的结论。而这些结论的变化受到多种因素的影响，例如样本来源、国际化指标的选择、绩效指标的选择（总资产报酬率、权益净利率、投资回报率、销售增长率等）。

（1）特定优势与内部化：国际化程度与企业绩效正相关

根据传统的对外直接投资理论，如果市场的不完全性使得内部组织比外部市场交易更加有利，跨国公司就会对外扩张并从中获得交易成本优势或生产成本优势，在国际市场上实现规模经济或范围经济。因此，国际化对企业绩效产生正面影响，即国际化程度与企业绩效正相关。一些学者的实证研究也为这一理论假设提供了证据支持。例如，Vernon对1964年187家美国大型制造业跨国企业和国内经营企业的比较分析证明，跨国企业的绩效明显优于国内经营企业。Kim等在对1982年列入《福布斯》排行榜的125家美国企业的研究中，对国际化程度不同的企业绩效进行了比较分析，并在控制产业特征的前提下，对国际化程度与企业绩效进行了回归统计分析，也得出了国际化程度与企业绩效正相关的结论。考虑到国际化作用于企业绩效的时滞效应，也有学者采用国际化程度的滞后项作为主要解释变量，结果显示，较高的绩效水平会刺激企业向海外扩张，而向海外扩张又能进一步增加企业的盈利，即提高企业绩效。

（2）国际化的劣势：国际化程度与企业绩效负相关

尽管传统的对外直接投资理论承认海外经营会产生额外成本，但极少直接研究国际化的成本，原因在于其隐含的一个假设就是在进入国际市场之前，企业已经积累了一定的特定优势，足以克服国际化的劣势（即与国内经营相比，海外投资和经营必然会发生额外成本）。然而，自20世纪80年代以来，越来越多的实证研究表明，国际化所产生的成本会部分抵销国际化所带来的收益，对企业的绩效产生负面影响。这些成本的来源包括外来企业劣势（liabilities of foreignness）、新创事业缺陷（liabilities of newness）、国际化经营所面临的金融和政治风险、经营地域分散性和文化多样性所造成的协调和激励等方面的困难。

一直以来，金融学者比较关注国际化的成本或负面效应，他们以风险调整后的回报率和股票市场价值作为企业绩效的衡量指标，重点研究了投资者对国际化的认同、跨境金融交易成本以及国际化与风险分散的关系。他们的研究提供了大量支持"国际化劣势确实存在"的证据，发现国际化企业的绩效明显低于国内经营企业。还有部分学者发现，以发达国家为主要市场的国际化企业与国内经营企业在绩效上没有显著差异,但以欠发达国家为主要市场的国际化企业的回报率明显低于国内经营企业。

（3）国际化的渐进性：国际化程度与企业绩效呈倒U形关系

由于国际化既能带来收益，也会产生成本，因此，很多学者都认为，国际化程度与企业绩效之间并不是单调的线性关系。在国际化扩张的某些阶段，收益的增加超过成本；而在另外一些阶段，成本又大于收益。这些学者根据渐进论的分析思路，认为企业国际化是一个渐进的逐步演化过程。在国际化扩张的初期，企业通常会进入与母国文化和体制相似或相近的市场环境，从而能够很快地获得规模经济、范围经济和区位优势带来的收益，并可最大限度地克服国际化劣势。在随后的海外扩张过程中，企业将逐步拓展文化相异的市场，环境的多元化和组织的复杂化必然会导致管理成本与监督成本的急剧上涨，最终超过国际化所带来的收益。因此，国际化程度与企业绩效呈倒U形关系，企业绩效在某一国际化水平上达到最大值，这一临界点被称为国际化拐点（Gomes和Ramaswamy, 1999）。这个拐点在不同研究中有着不同的结论，在采用20世纪七八十年代的美国企业数据的不少研究中，这个拐点大致在60%～80%，具体数值因国际化程度、行业等因素而异。

（4）组织学习与组织演变：国际化程度与企业绩效呈U形关系

倒U形关系假设提出不久，便受到一些学者的质疑。Sullivan认为，这种关于“国际化拐点普遍存在”的论断忽视了企业自身及其战略差别，否定了主动式管理的有效性，他指出，国际化必然要求企业进行相应的内部变革，随着企业的对外扩张，其现有结构、体制和其他内部设置会不适应新的经营环境，致使业绩下滑。为了节省开支或避免逆国际化发展，企业被迫重构其内部体制。如果企业能够重新实现内部体制和外部环境的匹配，其业绩就会回升，进入所谓的收敛阶段。因此，国际化与企业绩效的关系呈现一个或多个“收敛—下降—再定位—收敛”循环的周期性特征。Sullivan采用1988—1990年的数据对美国公司的实证研究也证实了国际化程度与企业绩效的关系呈现一种三角函数形态（由多个U形曲线连接而成）。

具有较高国际化水平的企业并不一定会经历绩效下滑，国际化过程中的各种学习机会能够让企业积累起丰富的经验和海外市场知识，从而为进一步的对外扩张做好准备。应对复杂环境的管理经验是国际化程度较高的企业保持卓越绩效的关键，且这种经验可通过产品多元化来获得（Hitt等，1997）。

关于德国企业的研究也有类似的结论。由于邻近国家的市场规模均较小，无法吸纳大量的投资，大多数德国企业在国际化初期就必须涉足欧洲、北美和亚洲等心理距离较远的国家，从而很快面临由内部机制与外部环境不匹配造成的绩效下滑，并不得不开始学习新的市场知识,重构企业的内部体系、机制和流程以适应新的经营环境。在经历成功的调整与适应以后，企业绩效在随后的对外扩张过程中逐步上升（Ruigrok和Wagner, 2003）。

对于缺乏国际化经验和知识的中小企业来说，在首次通过对外直接投资方式进入国际市场时，中小企业要比当地竞争对手承担更高的成本，无法立刻实现对外投资的各种潜在利益。然而，随着组织学习和对外投资经验的积累，新增对外投资能够为企业带来收益（Lu和Beamish, 2001）。

5. 家族如何影响企业国际化

家族企业国际化给企业带来的潜在机会和风险将直接影响其是否选择国际化战略，而企业股权结构将显著影响企业所有者的风险偏好程度，进而影响企业的国际化战略决策。相对于非家族企业而言，家族企业的股权中有很大一部分为家族成员所持有，这也就带来了家族对企业决策的影响，从而使得家族股权对

家族企业国际化决策既有来自股权的直接影响，也有源于家族特征的间接影响。（George和Wiklund, 2005）

早期研究并不区分家族股权的直接和间接影响。早期研究者主要通过访谈和调查来比较和归纳家族企业与非家族企业在国际化方面的差异。他们发现，相比非家族企业，家族企业往往不太倾向于国际化，其国际化的进程也往往较慢。

作为家族企业股权的持有者，当企业家族希望通过国际化为其他家族成员提供工作机会、年轻家族成员对多元化有所准备且有家族成员居住在国外时，家族企业的国际化进程便会加快；而当家族成员和非家族管理者对于国际化缺乏准备、管理团队对国际化有所抵制或是缺乏管理多元文化的经验时，家族企业的国际化进程就会减慢。如果家族成员担心在企业国际化过程中家族股权可能会被稀释，也会阻碍家族企业的国际化决策（Gallo和Pont, 2010）。

显然，上述研究没有将股权的影响和由股权支撑的家族影响区分开来，也没有将家族股权和家族管理的影响有所区分，甚至没有将家族股权的影响和高管中的家族高管与非家族高管的影响区分开来。

Zahra开创性地弥补了早期研究的主要不足。家族企业与非家族企业的重要差别是家族成员之间的利他主义影响了企业决策，家族企业主的决策不仅会考虑到企业的发展，同时会兼顾家族成员的利益。家族企业国际化有利于家族企业的基业长青并增加家族成员的就业机会。因此，即使预期国际化可能带来较高风险，家族企业所有者和管理者还是会选择实施国际化战略。同时，家族股权与家族企业国际化程度正相关，即家族股权越高的企业，其国际市场销售所占比重越大，产品销往的国家越多。

与Zahra不同，Fernández和Nieto基于资源基础观得出了完全相反的结论，认为企业所拥有的资源和能力是国际化的重要影响因素。家族企业常常在获取资源和能力方面缺乏优势，同时家族企业往往比较保守并规避风险，而国际化经营伴随着较多不确定性，这都将阻碍家族企业国际化。基于这一理论逻辑，Fernández和Nieto利用西班牙家族企业的大样本实证研究数据指出，家族股权与家族企业国际化程度负相关。

可以看到，关于家族股权对家族企业国际化的影响，在研究上得出了相反的结论，因此，为了调和不一致的经验证据，一些学者试图在研究中融合多个理论视角，构建非线性的、兼容的理论逻辑。Sciascia等人认为：一方面，家族股东和家族高管基于企业长期发展和家族跨代传承的需要进行战略决策，将促进家族企业识别和开发国际市场机会，从而加速国际化进程；另一方面，家族企业存在资源约束、保守倾向以及家族目标和企业目标的冲突，这将阻碍家族企业的国际化进程。考虑到这两种效应的共同影响，Sciascia等人认为，家族股权和家族企业国际化倾向存在一个倒U形关系，在一定的家族股权水平上，家族企业国际化水平最高。

近年来，越来越多的研究者开始采用社会情感财富（SEW）视角来分析家族股权与国际化之间的关系。家族企业与非家族企业的本质差异在于，家族企业战略决策的基本出发点是社会情感财富的得失，其要保存社会情感财富，而不只是追求利润。家族保护或提高SEW的动机会影响家族企业的经营管理决策，包括国际化决策。当家族企业当前经营不太景气，家族的SEW存在风险时，家族企业主会更愿意冒险以改变企业经营状况，比如实施国际化战略。而当家族企业处于繁荣期时，家族企业主则会担心国际化可能损失SEW（Pukall和Calabrò, 2014）。

第三节　国际化的价值效应

与一般意义上的国际化和企业绩效之间的关系研究类似，家族企业国际化对绩效的影响目前也尚无定论。一方面，家族企业在国际化战略的选择和实施过程中，比非家族企业更有耐心，更注重长期回报。家族企业领导人是忠诚的管家，有高度负责的敬业精神，企业发展与家族声誉紧密相连，家族企业在国际化战略中会更加具有耐心和长期导向，因此国际化战略能够给家族企业带来有利的影响（Tsao和Lien, 2013）。

另一方面，家族十分注重家族对企业的控制、家族成员在企业的工作机会和家族财富的代际传承（Gomez–Mejia等，2007），这会使得家族企业高度嵌入企业所在地的社会网络，在本土化经营中更具有优势，但由于其缺乏国际化经营的知识、经验和能力，最终导致国际化对企业绩效产生不利影响（Banalieva和Eddleston, 2011）。

在经验证据层面，家族企业国际化研究通过引入家族情境的调节效应，进一步说明了国际化在不同情况下会对企业绩效产生不同的影响。比如，在澳大利亚，中小企业的国际化总体来看不利于提高企业绩效，但中小家族企业的表现比非家族企业要好（Graves和Shan, 2014）；在台湾，上市公司的国际化有利于提高企业绩效和创新，家族管理则进一步增强了这个影响（Tsao和Lien, 2013）；在珠三角和长三角地区，国际化有利于提高企业销售收入，但降低了企业利润，家族高管

的比例会削弱国际化对销售增长的促进作用，同时削弱了对利润的不利影响（Lu等，2015）。

目前，中国正在大力推行的“一带一路”倡议也为中国企业的国际化创造了前所未有的政策环境契机。作为在数量和经济规模上都占据着举足轻重地位的特定企业群体，越来越多的家族企业参与到国际化经营活动中，其国际化战略的选择和实施有着不同于其他企业的特征，同时也给企业绩效带来了不同的影响。

在本研究中，从海外业务收入占比和上市公司绩效的关系来看，2009—2015年，中国上市家族企业的海外业务收入占比与上市公司净资产收益率呈正相关关系。其中：海外业务收入占比=当年海外业务收入总额/当年营业收入，用来衡量家族上市公司的国际化业务开展规模；净资产收益率=净利润/净资产，用来衡量家族上市公司的绩效。在分析中加以控制的、其他可能影响绩效的因素有：1）企业年龄；2）企业所在行业；3）企业规模（当年员工人数）；4）资产负债率；5）创始人教育水平；6）董事长教育水平；7）首席执行官（CEO）的教育水平；8）创始人海外留学经历；9）董事长海外留学经历；10）CEO海外留学经历；11）是否有二代涉入；12）已涉入二代的平均教育水平；13）已涉入二代的海外留学经历。

也就是说，在控制了其他可能影响绩效因素的情况下，随着上市家族企业海外业务收入占比的提高，上市家族企业的绩效也有所上升。由此可见，中国上市家族企业的国际化业务开展得较有效率，对提高企业绩效有所贡献。另一方面，结合以往文献中提到的倒U形曲线，这也可能是因为中国上市家族企业尚处于国际化进程的起步阶段，也就是说，可能处于倒U形曲线的左半部分，还未到达拐点。

第四节　国际化现状与差异

由于在中国上市公司的信息披露中，较为完整的只有海外业务收入这项数据，而且中国企业开展国际化的实际情况是，大多数企业的国际化业务开展情况确实尚以出口业务为主。因此，下文中的数据分析以上市家族企业的海外业务收入为分析对象，而上市家族企业的其他国际化方式（如跨国并购、海外设厂等）则以案例分析的形式来展示说明。

2009—2015年，中国上市家族企业合计发生海外业务收入7687.94亿元。如图4-1所示，上市家族企业的海外业务收入逐年攀升，2015年的海外业务收入总额（1716.86亿元）约是2009年海外业务收入总额（436.87亿元）的四倍之多。

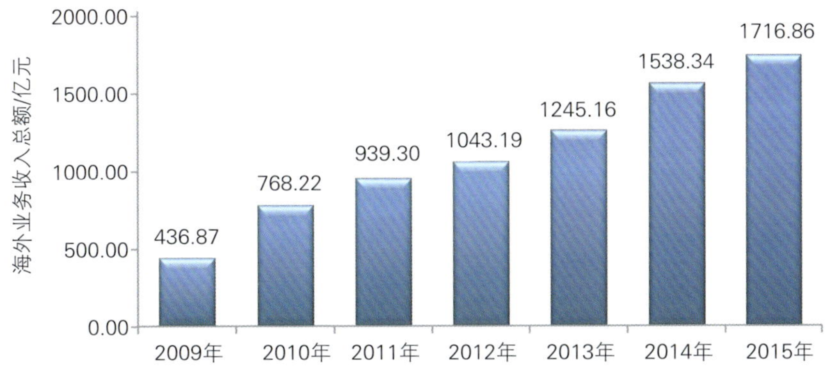

图4–1 中国上市家族企业海外业务收入总额（2009—2015）

按海外业务收入金额占营业收入总额的比例来看，在2053个“公司·年”观测值中，共有1538个“公司·年”发生了海外业务收入。如图4–2所示，在这1538个“公司·年”观测值中，超过60%观测值的海外业务收入占营业收入总额的比例未超过50%，大约四分之一观测值的营业收入中，超过80%的业务收入来自海外。

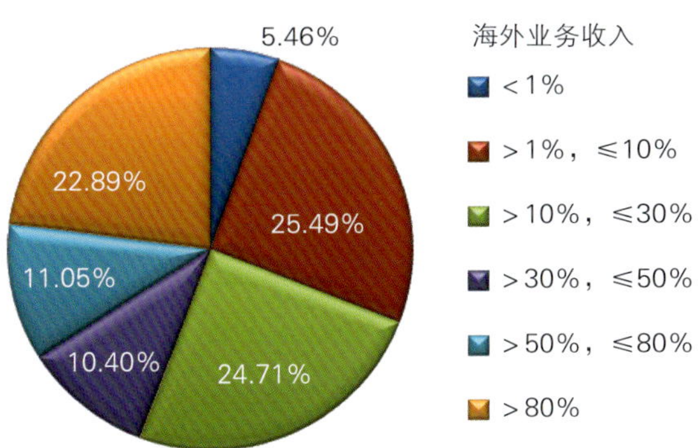

图4–2 海外业务收入占比分布情况（2009—2015）

1. 环境特征的影响

根据樊纲和王小鲁的《中国分省份市场化指数报告2016》，可以根据家族企业所在省份将其所处地区划分为高度市场化地区、中等市场化地区和市场化程度较低的地区。如图4–3和图4–4所示，无论是海外业务收入总额还是海外业务收入占比，高度市场化地区的家族上市公司的相应数值（5.47亿元/年·公司，22.12%）都显著高于中等市场化地区（3.10亿元/年·公司，16.24%）和市场化程度较低地区（2.25亿元/年·公司，13.02%），而中等市场化地区和市场化程度较低地区之间没有显著差异。

出口业务有着比内销更为复杂和漫长的业务流程，受到税务、财政、海关、工商等各方面制度的影响，而这些制度中有很多是由地方政府制定和落实具体政策的。一方面，高度市场化地区的企业大多位于东部沿海地区，较早接触国外业务信息，思维比较活跃，再者有很多企业本身就是依靠OEM等业务起家的，因此海外业务一直都开展得比较普遍。另一方面，在高度市场化地区，政府有着比较强的服务意识，通常会为企业的国际化业务创造较为宽松和便捷的政策环境，例如积极主动为企业办理出口退税、简化政府审批流程等，而其他地区的地方政府在这方面则通常做得不够到位，为企业的海外业务发展带来了一定的制度障碍。

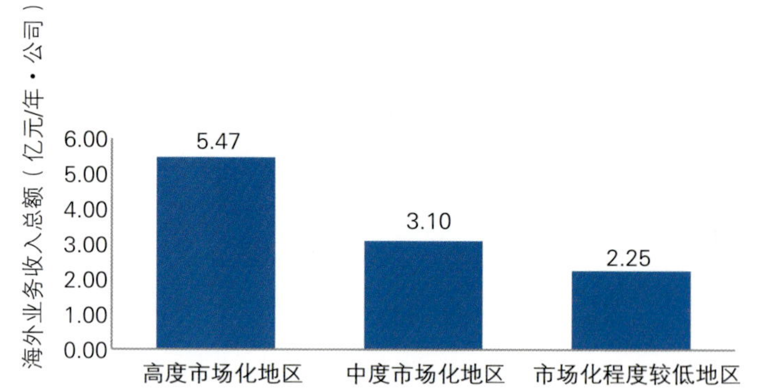

4-3　不同市场化发展程度地区的家族企业海外业务收入（2009—2015）

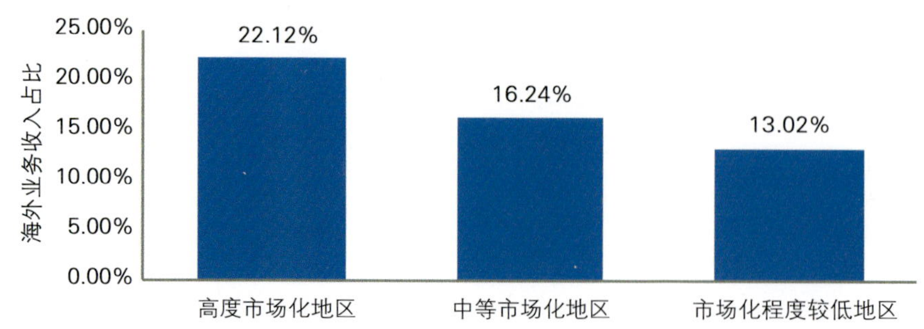

图4-4　不同市场化发展程度地区的家族企业海外业务收入占比（2009—2015）

如图4-5和图4-6所示，制造业和非制造业的上市家族企业在海外业务收入总额和海外业务收入占比上有着显著差异。制造业的上市家族企业平均每年每家企业发生海外业务收入5.46亿元，占上市公司营业收入的比例为23.63%，明显高于非制造业的上市家族企业（2.09亿元 / 年・公司，3.84%）。正如上文所提到的，许多出口企业是由OEM起家的，因此相应的出口业务就是OEM或是由原先的OEM转化而来，因此制造业企业的海外业务收入占了很大比例。同时，服务出口对于中国而言，难度相对较大，目前尚处于起步阶段。

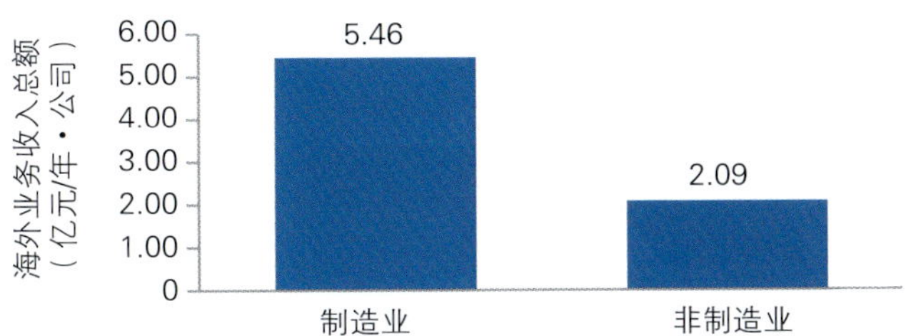

图4-5 不同行业的家族企业海外业务收入（2009—2015）

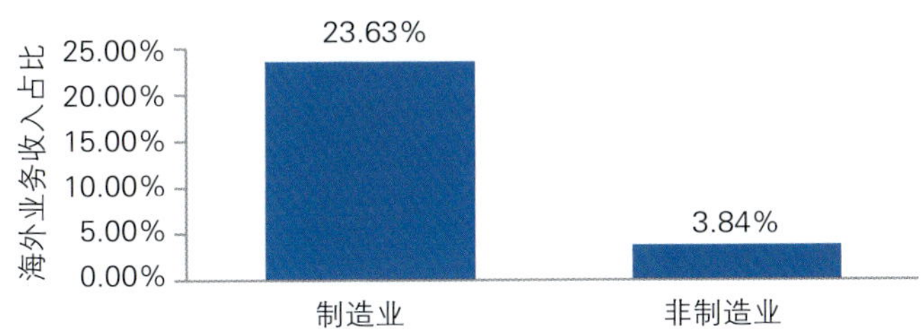

图4-6 不同行业的家族企业海外业务收入占比（2009—2015）

2. 个体因素的影响

如图4-7和图4-8所示，有着海外留学经历的创始人所在上市家族企业的年均海外业务收入（4.92亿元）和年均海外业务收入占比（20.10%）均显著高于没有留学经历的创始人所在上市家族企业（0.36亿元 / 年・公司，2.93%）。这个差异是不难理解的。如果企业创始人拥有海外留学经历，相对而言，他们能够比没有留学经历的企业创始人有更多机会接触海外业务信息，拥有更为开阔的视野。尤其对于企业创始人而言，当年的通信技术尚不如今日之时发达，对于企业家在国际化战略的决策方面，亲身浸润于海外就显得比如今更为重要。

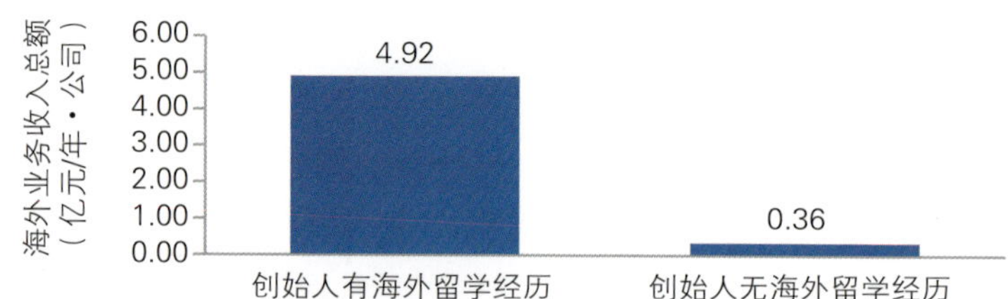

图4-7　不同创始人背景的家族企业海外业务收入（2009—2015）

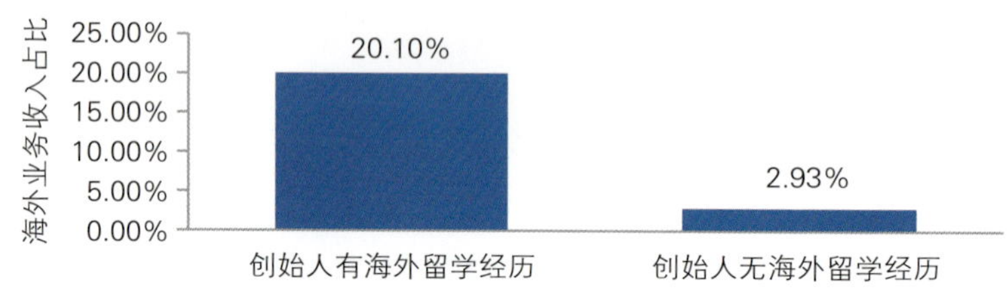

图4-8　不同创始人背景的家族企业海外业务收入占比（2009—2015）

第五节　二代参与和国际化

二代涉入家族企业主要有所有权涉入和管理权涉入两种方式，即二代持有上市公司股份和二代进入上市家族企业任职。相对于二代持有上市家族企业股份而言，家族企业二代陆续进入企业任职会对上市家族企业产生更为实质性的影响。衡量二代任职对家族企业决策的影响可以从两方面来看：一是进入企业任职的二代人数；二是二代在企业担任的具体职位。

从进入企业任职的二代人数来看，2009—2015年，在2053个“公司·年”观测值中，超过60%的观测值已经有至少一位二代家族成员进入上市家族企业任职（如图4-9所示）。

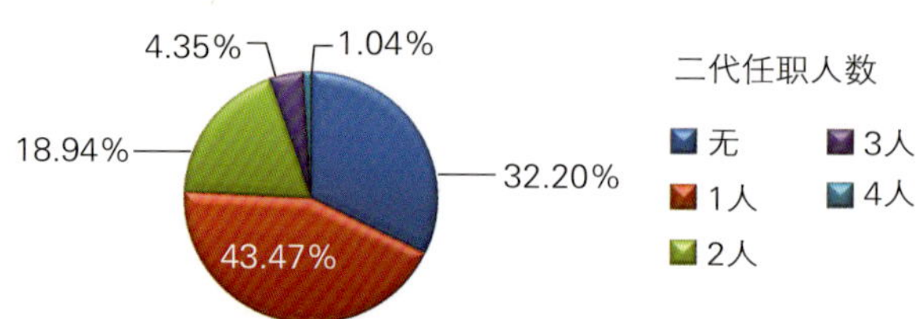

图4-9　家族企业的二代任职人数情况（2009—2015）

从不同二代任职人数来看（如图4–10和图4–11所示），有二代任职的上市家族企业的海外业务收入和海外业务收入占比显著高于尚没有二代任职的上市家族企业（4.28亿元/年·公司，15.69%）。这是由于相对于一代而言，二代中有很大比例有海外留学经历，无论是在知识背景、语言能力方面，还是在对全球化的认识和接受程度方面，二代进入企业任职对于家族企业的国际化业务有着很大的促进作用，而且国际化业务也为二代进入家族企业工作提供了一个很好的施展平台和机会。

从海外业务收入来看，在有二代任职的上市家族企业中，进入家族企业任职的二代人数多少和海外业务收入没有必然联系。也就是说，海外业务收入并没有随着进入家族企业的二代人数增加而显著增长。

但是，随着进入家族企业任职的二代人数的增加，上市家族企业的海外收入占比也有了显著提高（如图4–11所示）。这在一定程度上说明，随着二代任职人数的增加，二代的想法和主张在企业中能够得到重视的机会和程度也会增加。虽然家族企业海外业务收入没有显著增长，但是上市家族企业提高了对于国际化业务的重视程度，业务重心有所转移，因此海外业务收入的相对比重增加了。

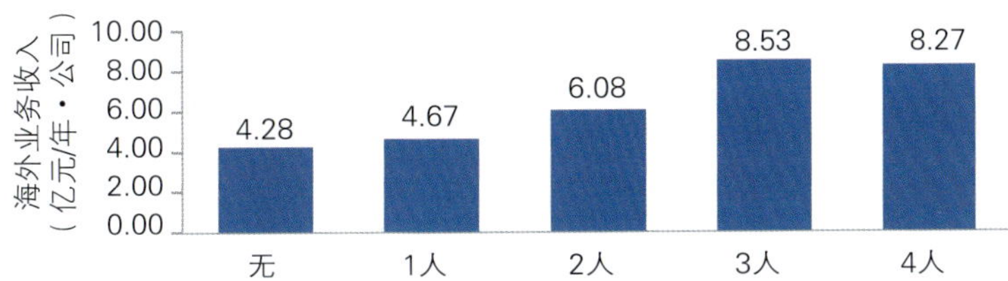

图4–10　不同二代任职人数的家族企业海外业务收入（2009—2015）

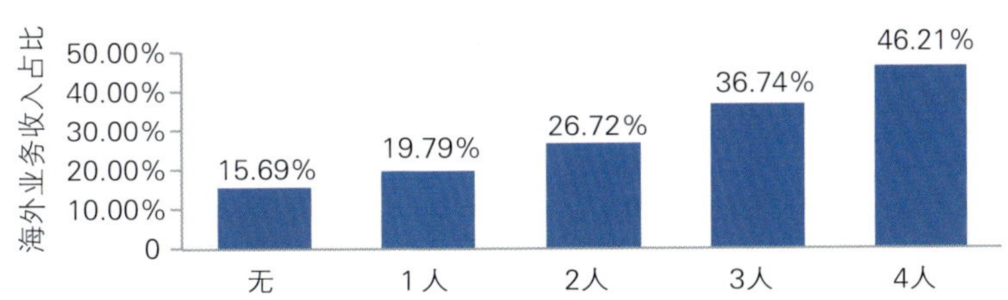

图4–11　不同二代人数的家族企业海外业务收入占比（2009—2015）

从二代在企业担任的具体职位来看，在有二代任职的1357个“公司·年”观测值中，二代担任董事长或总经理的观测值为110个。从图4–12可以看到，在有二代任职的上市家族企业中，当二代担任董事长或总经理时，海外业务收入（8.25亿元/年·公司）显著高于二代担任其他职位的上市家族企业（3.81亿元/年·公司）。由此可见，二代担任的具体职位对于上市家族企业的国际化业务规模有着显著影响。当二代担任的是董事长或总经理时，意味着二代已经在一定程度上全面掌管了上市家族企业的战略决策和执行，对于上市家族企业的国际化战略能够发挥实质性的影响，而担任其他职位的二代则无法对企业决策产生深远影响。

但是无论二代担任的是什么职位，上市家族企业的海外业务收入占比却没有显著差异（如图4-13所示）。这在一定程度上说明，虽然当二代担任董事长或总经理时，能够对上市家族企业的国际化决策有实质性影响，也能够提高海外业务收入，但是若要对上市家族企业的业务重心产生影响，使得海外业务收入占比有所提高，可能仅靠一位担任"一把手"的二代是不够的，需要有多位二代同时进入企业任职，这样才能对企业的国际化战略实施产生全面影响，提高企业对于国际化业务的重视程度，从而提高海外业务收入在企业总收入中的比重。

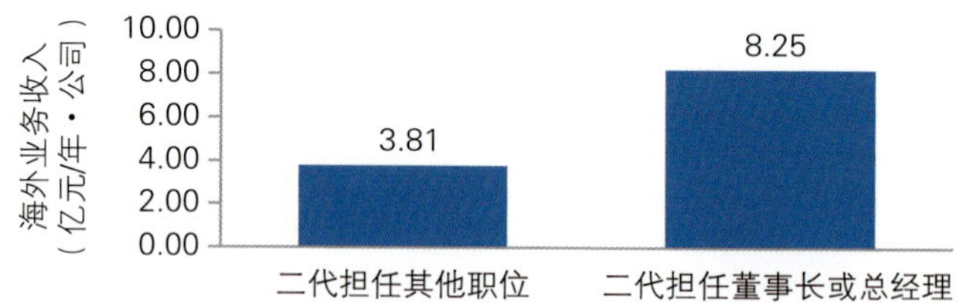

图4-12　二代担任不同职位的家族企业海外业务收入金额（2009—2015）

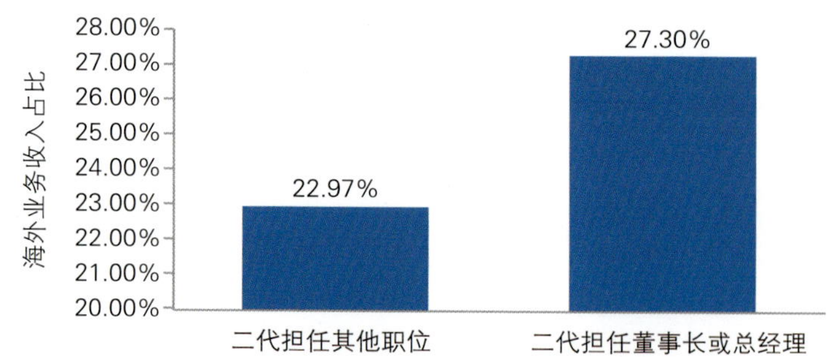

图4-13　二代担任不同职位的家族企业海外业务收入占比（2009—2015）

第六节　典型案例

案例一　绿地投资之福耀玻璃

福耀集团（福耀玻璃工业集团股份有限公司），1987年成立于中国福州，是专注于汽车安全玻璃和工业技术玻璃领域的大型跨国集团。截至2016年，福耀玻璃集团在美国、俄罗斯、德国、日本都建立了制造工厂，服务范围远达德国、意大利、瑞典等欧洲地区，是全球最大的汽车玻璃专业制造商，为奔驰、宝马、宾利、奥迪、通用、克莱斯勒、大众、丰田、本田、路虎等全球几乎所有的汽车制造商提供汽车玻璃及产品解决方案。

福耀在美国的投资尤其令人瞩目，是中国制造业对美最大投资之一，也是中国汽车零配件企业进军美国市场的最大手笔，更是福耀实施全球化战略的重要标志。

2014年，福耀投资6亿美元在美国兴建汽车玻璃生产基地，购买了美国通用汽车公司位于俄亥俄州代顿市的工厂。此后，成立了福耀美国伊利诺伊有限公司，以5600万美元从美国PPG公司购得芒山（Mt. Zion）工厂，为福耀美国生产基地供应原片玻璃。2015年7月，俄亥俄州代顿地区的卡里林历史博物馆收藏了福耀美国代顿工厂生产的首片汽车挡风玻璃。当地政府为了感谢福耀的贡献，将福耀美国工厂所在路段更名为“福耀大道”。2016年10月，由福耀集团投资的全球最大汽车玻璃单体工厂在代顿市正式竣工投产，未来整体投资将达到10亿美元，提供5000个就业岗位。

然而，福耀集团的国际化之路并不是一帆风顺的。以美国市场为例，福耀于1995年正式进入美国市场，通过在南卡罗来纳州建仓库成立分销公司。福耀期待着此举既能在美国打开市场，又能赚取比生产更多的利润。但福耀的这一实践并没有成功。因为只是一个独立经销商，在美销售的福耀玻璃不能很有效地摊薄人工费、运费、营销费等费用。这个分销公司很快陷入了亏损，并在亏损数百万美元后于1998年关闭。

数百万美元的损失对福耀来说不是小数目，但这并没有改变其进军美国市场的决心。福耀最终决定将美国的业务模式从分销转为直销，虽是一字之差，其在

美国的业务却发生了巨大变化。仅1999年一年，福耀公司就将之前亏损的几百万美元都赚了回来。

福耀在美国的成功引来了许多国内同业竞争者，也由此引发了美国同行对包括福耀在内的中国汽车玻璃企业的反倾销诉讼。2001年4月，美国PPG公司在美国和加拿大对由福耀出口的汽车维修玻璃提出反倾销调查申请。美国国际贸易委员会依照美国关税法，初步裁决从中国进口的ARG（售后市场）挡风玻璃在美以低于公平价格销售，对美国产业造成了实质伤害。结果，福耀从2002年开始被加征11.8%的反倾销税。当时，福耀玻璃在国内市场处于供不应求的状态，且内销利润也高于外销利润。对于是否要花费巨额资金和时间成本应诉美方的这一初步反倾销裁决，福耀管理层出现了截然不同的两种意见。

放弃应诉就等于退出国际市场。与中国彩电在"反倾销"指控面前大规模淡出美国市场不同，最终福耀采取了两手策略。首先，福耀认定2002年3月美国商务部的裁决缺乏法律依据，遂于次月向美国国际贸易法院起诉美国商务部。经过一年多的辩论审理，国际贸易法院将美国商务部的裁决驳回，要求商务部按照国际贸易法院的裁决重审。至此，福耀取得了初步胜利。同时，福耀申请了行政复审，2004年2月底，美国商务部派两位官员去福耀美国公司核查，福耀玻璃自1999年就有了较为完整可信的会计资料且可以证明其并不存在刻意倾销行为，核查结果完全符合福耀的申诉。

福耀在美国建厂的原因

经过反倾销的洗礼，福耀在美国市场再次迎来了快速发展时期，逐步成为美国主流汽车制造商的重要汽车玻璃供应商。福耀决定再次转变思路，在美投资设厂、就地生产汽车玻璃，这是由于以下原因。

首先，美国汽车玻璃行业及整体经济大环境有利于福耀通过绿地投资进入美国市场。

美国PPG公司曾是福耀的"老对手"，也是之前在美对福耀汽车玻璃发起反倾销诉讼的主要企业之一。2014年7月，福耀集团与美国PPG公司签订了资产收购协议，收购PPG公司在芒山的两条浮法玻璃生产线，而这两条已经较为破旧的生产线几乎已经是美国汽车玻璃行业最后的具有一定影响力的汽车玻璃行业的代表。

通过升级和项目改造，芒山工厂厂房和生产线焕然一新，成为全球最先进的浮法玻璃生产线。福耀的入驻是对整个美国汽车行业产业链的完善和补充，有利于美国汽车生产商实现就近采购，并可更好地促进美国汽车产业链各环节的无缝对接。

事实上，福耀此次决定在俄亥俄投巨资建厂，美国通用汽车公司的邀请和牵线搭桥起到了重要作用。福耀俄亥俄工厂的厂址原来是通用汽车公司的一个组装厂。这种产业互补性，使福耀在很大程度上消除了美国本土潜在竞争对手的激烈竞争风险。福耀俄亥俄工厂位于美国汽车工业走廊的核心地段，周边有数家全球知名的汽车制造商，俄亥俄工厂的地缘优势将使福耀成为美国汽车产业链的重要一环。

从美国的大政策方向看，当时奥巴马政府上台后重视重塑制造业，鼓励制造业回流，以期为美国创造更多的就业岗位。仅福耀俄亥俄工厂当时就已招聘工人2000多人。因此，福耀的投资受到了当地政府的欢迎。

其次，汽车玻璃制造成本的动态变化也开始让美国市场越来越有吸引力。

虽然美国的用工成本远高于国内，但美国的能源、电力、物流等成本均明显低于国内，美国的税收体制也更加清晰规范。目前，在美国本土生产的福耀汽车玻璃与国内生产后再运到美国当地的产品，在成本上已接近持平。

福耀在俄亥俄州建厂，当地政府还给予了很大的政策优惠。俄亥俄州政府吸引外资的政策优惠力度很大，初步估算，福耀在俄亥俄州的工厂项目将获得总额约4000万美元的政策优惠。

从整体来看，目前福耀在美投资建厂起步良好，但未来福耀仍需处理好高昂的人工成本、不同的企业文化融合等发展中可能面临的风险。

福耀的传承之路：接班尚未完成

2017年3月，福耀玻璃发布公告称，公司总经理左敏提出辞职，在聘任新任总经理之前，由董事长曹德旺代行总经理职务。随后，福耀玻璃又发布公告，宣布由曹德旺的女婿叶舒担任总经理一职。事实上，两年前，曹德旺的长子曹晖离开福耀玻璃总经理之位，开始在汽车领域创业，左敏正是从曹晖手中接过了福耀玻璃总经理职务。

和许多以创始人作为灵魂人物的家族企业一样，福耀也被认为面临着接班过渡的挑战。在多数指标都表现良性的情况下，也许曹德旺的离去将是福耀未来一段时期里的最大风险。

当媒体问起“福耀的高增长能持续多久”时，曹德旺曾回应：“只要我在，（高增长）就能持续。”曹德旺将在福耀的核心位置上待到何时？也许他自己现在也没有确定的答案。

女婿叶舒此次接任总经理之位，是曹氏家族传承计划中的一环，最终由长子曹晖接班只是时间问题，但福耀的传承规划时间表至今尚不明晰。曹德旺曾说：

“在儿子接班之前，我现在还能干我就继续干，奋斗到最后一刻也不是没有可能。”与此同时，他对儿子曹晖的能力信心十足，认为他有自己的公司，一直都在受到锻炼，迫切希望他能正式接班。被提拔为总经理的女婿叶舒，表现也基本能够令曹德旺满意:“还可以，还有提升的空间。”

可以肯定的是，目前曹德旺作为董事长依然负责福耀的战略决策，二代家族成员及其他职业经理人则负责执行曹德旺制定的战略。对于接班这件事，曹德旺始终认定福耀只能由家族成员接班。因为存在家族的影响力，只有曹家人接班，工人才会相信企业，这是一种信任的传承，因此不可能发生职业经理人接班的情况。曹德旺认为，福耀这家企业，如果没有曹家人在里面撑着，很快就会倒。

作为曹德旺的长子，曹晖高中毕业后即到福耀玻璃的车间工作，从最底层的岗位干起。此后，曹晖被派驻香港工作。1994年3月至1996年6月曹晖任福耀香港总经理，后又到美国念书，毕业后在美国帮助父亲打理业务。2001—2009年曹晖任福耀北美玻璃工业有限公司总经理。2005年3月，曹晖被福耀玻璃董事局提名为总经理。在这场接班人的选定中，曹晖已经表现出不情愿，曹德旺费了很大的劲请人说服曹晖，称这是社会责任，曹晖在劝说下终于接下了总经理职务。

福耀在1995年进入北美市场时，曹德旺曾大胆任命美国人，但很快就发现“财务失控”。由于美国银行资金调转与国内不同，福耀美国总经理居然可以不得到授权而私自调走资金。大吃一惊的曹德旺立即调派曹晖前往美国担任总经理，而这也是曹德旺在有意培养作为未来接班人的曹晖。

曹晖赴美国担任总经理后的表现则充分显示了自己的才干。在2001—2004年的美国反倾销诉讼中，时任美国公司总经理的曹晖，在前线扮演着“总指挥”的角色。在耗时超过3年的反倾销应诉中，福耀取得了最终的胜利。福耀的胜诉已成为中国加入世贸组织以来的中企反倾销经典案例，也奠定了福耀在美国市场的地位。

2003年，福耀在美国的销售量比2002年上升30%。同时，福耀甚至直接展开与“官司冤家”的合作，追求双赢。在此过程中，身为福耀美国公司老总的曹晖表现出相当的灵活和机智。曹晖对此是这样解释的:“加强与当地生产商的合作，可以由我们负责产品，他们负责物流与销售渠道，各取所长。”而美国起诉方PPG公司也终于认识到，即使排除了福耀，自身也难以在美、加两国大规模生产、销售。双方协商的结果是，由PPG公司向福耀提供技术、设备支持，福耀完成中国工厂的浮法技改项目。同期，PPG撤销了对福耀的反倾销诉讼。

2015年7月，曹晖宣布不再担任福耀玻璃总经理一职，希望在外独立历练一番，开始在家族企业之外创业，但仍保留了福耀玻璃副董事长的职位。2015年11月，曹晖创立福建三锋控股集团有限公司等系列公司，专注于高端汽车零部件、工装、模具及专业设备的设计、研发与制造。虽然不再担任福耀集团总经理，但曹晖的三锋集团与福耀玻璃同在汽车产业，在业务上有不少合作，并在一些业务上互为上下游关系。对曹晖和三锋集团的创业来说，最大的肯定来自曹德旺。曹德旺表示“以前曾很忧虑新旧交接问题，但今年看过曹晖做的产品后很开心，因为看到了福耀的未来，福耀年轻一代的经营理念和思路都很正确”。

案例二　绿地投资之万向集团

万向集团创建于1969年，从鲁冠球以4000元资金在钱塘江畔创办农机修配厂开始，以年均递增25.89%的速度，发展成为营收超千亿、利润过百亿的现代化跨国企业集团。万向以汽车零部件制造和销售为主业，在国内已形成6平方公里制造基地，与一汽、二汽、上汽、广汽等建立了稳定的合作关系，主导产品市场占有率在65%以上。在国外，万向在美国、英国、德国等10个国家拥有近30家公司，40多家工厂，海外员工超过16000人，是通用、大众、福特、克莱斯勒等国际主流汽车厂配套合作伙伴，主导产品市场占有率12%。

万向的国际化进程：从出口到绿地投资和跨国并购

在出口方面，1984年，万向借助美国舍勒公司出口3万套万向节总成，进入北美市场。1986年，万向成为全国万向节唯一的出口基地，并开拓了澳大利亚、泰国、菲律宾市场。1987年，万向进入日本、意大利、法国、德国等18个市场，当年实现销售收入230万美元。

国内从20世纪50年代到80年代之间汽车车型及技术没有什么大的进步，而国外一些技术则有很大改变。因此，要改变国内市场，万向需要通过“走出去”了解国外情况。而在20世纪80年代，我国处于计划经济时代，万向作为一家乡镇企业，其生产的产品进不了国家的计划。为了企业的生产和发展，万向开始考虑在国外销售产品的可能性，于是参加了广交会，决定走出国门，走向国际市场。万向一开始进入国际市场主要是通过进入汽车维修市场和汽车零部件超市。经过几年的运营，万向的劳动生产率得到提高，产品质量得到提升，成本优势和技术质量优势初步凸显。

在绿地投资方面，1994年，万向在美国芝加哥成立了万向美国公司，第二年销售收入达到350万美元。1996年，万向成立欧洲公司、南美公司，海外销售收

入突破1000万美元。1997年，万向成为我国第一家进入美国通用汽车公司配套市场的中国汽车零部件企业。1999年，万向进入美国福特汽车公司的配套体系。

万向的跨国并购主要围绕汽车零部件这一主业。1997年，万向收购了英国AS公司60%的股份，以此拓展欧洲轴承市场。2000年，万向以42万美元收购了美国舍勒公司，成为全球万向节专利最多的企业。2000年，万向收购了美国LT公司35%的股权，成为第一大股东，在北美有了第一个加工、装配基地。2001年，万向以280万美元收购了在美国纳斯达克上市、生产制动器的美国通用汽车公司21%的股份，成为第一大股东，打开了刹车器进入美国市场的通道。2003年，万向收购了"百年老店"、翼形万向节传动轴的发明者和全球最大的一级供应商——美国福特公司33.5%的股权，成为第一大股东，实现了由零件供货到国内加工、国外装配、总成供货的重大突破。2005年，万向收购了美国UPS公司60%的股权，打通了向福特、克莱斯勒和通用公司供货的渠道。2007年，万向并购了全球最大的传动系统零件制造商DANA。虽然DANA的业务与万向并不直接相关，但是万向接手后通过整合再出售给私募资本，从而可以获得溢价。2009年，万向成功收购美国环球控制系统公司（Global Steering Systems）。2010年7月，万向收购美国TD公司，万向等速驱动轴有望成为继万向节之后又一个世界第一的产品。2010年10月，万向完成对D&R公司的收购，进入汽车电子行业。2013年，万向收购美国最大的新能源锂电池制造企业A123系统公司。2013年，万向美国公司联合其他投资人完成了对国际汽车零部件厂商——美国BPI公司的整体收购。2014年2月，万向收购与"特斯拉"齐名的电动汽车制造商菲斯科。这是一场对万向和菲斯科双赢的收购：万向在整车的技术和经验方面又迈进了一大步；而对菲斯科来说，可以尽快恢复生产。

万向实施企业走出去战略，拓宽了企业的眼界。当时万向只派出倪频一人管理万向美国公司，其余都雇用当地人，事后证明这种方式是正确的。20世纪90年代，很多中资公司国际化，皆采取大量外派中国员工，但是这样做的效果并不理想。万向美国公司使用美国当地员工，他们更了解当地市场，更接近本地市场，他们可以根据当地市场的特点，生产满足当地市场需求的产品。万向通过派专家到美国学习、美国专家来国内进行技术指导等，提升了万向国内公司的企业研发和管理水平。

金融+实业，儿子+女婿

从上述的万向国际化进程中可以看到，万向的国际化是沿着出口、绿地投资和跨国并购的方式进行的，可谓是循序渐进，步步为营。1994年成立的万向美国公司在万向集团国际化进程中有着举足轻重的作用，好比万向在国外的总部基地，大部分的跨国并购和绿地投资都由万向美国公司完成，这也构成了万向在跨国并购和绿地投资时的绝对优势。万向美国公司的优势不仅在于人力资源的本土化，更体现在其与花旗银行、美林公司等著名金融机构的合作中。这种全球范围内的资源有效组合与配置(如利用国外的资金优势)，弥补了万向在单一资源上的不足。

多年来，万向在美国的多起海外并购、参股案例，均由鲁冠球的女婿倪频主持完成。倪频于1989年在浙江大学获工商管理硕士学位，分配至浙江省社科院工作。他在到万向进行基层锻炼时，得到鲁冠球的赏识。1990年，倪频考上博士，要去美国读书，鲁冠球知道后就把他挖了过来。最终，倪频成了他的女婿。倪频在美国边读书边筹备美国公司。1993年9月，万向美国公司在美国肯塔基州注册成立。当时，由于资金转不出去，刚开始创业的倪频只能靠向朋友借款及自己的奖学金约5万美元开展工作，可谓捉襟见肘。1994年7月，经国家外经贸部批准，万向美国公司正式创立。1995年4月，经过几个月的努力，公司经营大有起色，当年销售额达到了350万美元。1996年年初，万向美国公司成立了万向欧洲公司、万向南美公司，并开始投资房地产。万向美国公司由于其所处的战略地位和地理位置，真正担当起了万向集团国际化的排头兵。

不同于鲁冠球的汽车梦，儿子鲁伟鼎一直都对金融和资本更感兴趣。鲁冠球自从将其帅印逐渐传给其儿子鲁伟鼎后，万向系打造金融控股集团的布局空前提速。1994年，鲁伟鼎从新加坡学成回国与父亲鲁冠球交接总裁位置，那年他23岁。同年，万向钱潮成功完成IPO。初出茅庐的鲁伟鼎，上任不久便在企业内推行“大集团战略、小核算体系，资本式经营、国际化运作”的战略，使企业顺利地完成了从“总厂式”向“集团化”的转变，实现了产品从零件到部件、到系统模块的逐步升级，并在世界各地布局专业制造企业，将万向集团从一个国内制造企业推上了国际化、资本化和专业化的发展道路。

1995年，通联资本前身深圳通联投资有限公司成立；1996年，万向租赁成立；1999年，通联期货前身万向期货成立；2000年，通联创投前身万向创业投资股份有限公司成立。2001年，中国万向控股有限公司成立，接替了深圳万向投资有限公司，将深圳通联、万向租赁、万向期货和通联创投等金融投资公司收编旗下，至此万向控股成为万向金融平台。2002年，万向组建了浙江省第一家财务公司——万向财务，统领着万向旗下所有资金的进出。

随后，万向通过参股、控股金融机构，取得了银行、保险、基金、信托、期货等金融业牌照，万向的金融王国基本组建完毕，而鲁伟鼎正是这个王国的实际控制人。

毫无疑问，鲁伟鼎一手打造的这个金融王国在自身盈利的同时，还为万向的国际化提供了充沛的资金支持。因为无论是跨国并购还是绿地投资，资金始终是一项十分关键的资源。

绿地投资案例小结

对比福耀和万向的国际化之路，两者既有相似之处，也有差异。

第一，在国际化方式上，福耀和万向都较早地在20世纪90年代便进入了美国市场，并在美国建立了子公司。这种绿地投资为企业随后的跨国并购和进入其他国家建立子公司都提供了极大的便利，在整合国际资源方面有着国内其他企业无法比拟的优势。同时，万向的“实业+金融”模式更是为国际化提供了充沛的财务支持。

第二，在传承规划上，万向的传承开始得远早于福耀。鲁伟鼎在23岁时便接手万向集团，并按照自己的兴趣一手打造了万向的金融王国，并反哺和支持着万向集团的实业部分，两者相辅相成。万向的国际化和海外实业则全权交给了女婿倪频。从最初的万向美国公司到后来的几十起跨国并购和绿地投资案例，倪频在万向的国际化进程中发挥着举足轻重的作用。鲁伟鼎和倪频作为二代家族成员，让万向的“实业+金融”模式得到了进一步实施，并为万向的国际化发挥着不同的作用。而福耀的国际化几乎是曹德旺一手完成的，儿子曹晖的接班之路也并不十分顺利。但曹晖在福耀集团之外的创业和福耀集团密切相关，也得到了曹德旺的肯定。福耀的国际化之路如果想要顺利拓展，曹德旺应当进一步为二代家族成员叶舒和曹晖的全面接班做好规划。

案例三　跨国并购之新希望集团

新希望集团有限公司始创于1982年，已逐步成为以现代农业与食品产业为主导，并持续关注、投资、运营具有创新能力和成长性的新兴行业的综合性企业集团。

1999年，新希望集团在越南投资兴建第一家饲料公司，首次走出国门，自此开始了十余年的国际化旅程。经过多年的国际化布局，新希望集团不仅投建了数量可观的海外工厂，建立起上游产业链，还在优势产业带拥有了牧场和优质种源，并通过发达国家先进的屠宰、加工技术提升了食品加工能力，同时也围绕高端动物蛋白进行布局，获取优质的农牧资源，打造全价值链，进一步扩大了新希望集团在海外的影响力。

截至2017年7月，新希望集团已在全球30多个国家和地区开展了国家化业务，拥有外籍员工3000多人，海外分公司超过600家，实现海外销售年收入接近1000亿元。

收购澳大利亚牛肉加工商KPC

2013年，新希望集团及新希望产业基金收购了澳大利亚大型牛肉加工商Kilcoy畜牧业公司（KPC），总投资额近5亿元人民币。新希望集团在这次合作中与澳大利亚当地政府、农业企业建立了良好的关系。

KPC成立于1953年，位于昆士兰州阳光海岸基尔科伊镇（KILCOY），现已发展成为澳大利亚最大的牛肉加工和出口商之一，拥有750多名员工，每年可加工逾26万头谷饲牛。交易完成后，新希望集团保留了KPC的管理团队及员工，同时利用新希望优质的产业链资源帮助KPC丰富产品供应类型，拓展新的销售渠道，提高市场占有率。

屠宰和肉食品加工企业可以连接成千上百户大型的牧场，通过合同的方式锁定了草原，也锁定了牛羊资源。相比直接到澳大利亚买牧场，这种并购屠宰加工企业的方式避免了多种限制，带来的冲突较小，效果更好，实施的成本也相对较低。

收购KPC之后，新希望对其进行了改造、扩建，将加工产能从24万头扩大到了48万头，2016年年底完成了改造并使其成为澳大利亚第二大屠宰加工企业。

由于澳大利亚以往是欧美、日本投资的聚集地，在农牧业上已经形成布局，2013年新希望收购KPC之时，澳大利亚肉牛屠宰加工的80%资本控制在美国、巴西及日本企业手中。而凭借着收购KPC，新希望杀入了欧美资本控制的优势领域。现在，中国资本正逐步取代欧美资本对当地农牧业的影响，也改变了澳大利亚向中国肉类出口的格局。

收购美国食品加工企业Ruprecht

2014年，借助KPC在美国的影响力，新希望集团旗下的厚生投资完成了对美国伊利诺伊州芝加哥公司Ruprecht的收购。Ruprecht成立于1860年，是一家中高端食品深加工企业。Ruprecht利用分子料理技术生产各类牛肉、鸡肉及海鲜产品，为客户提供高质量的即食包装食品。Ruprecht的主要客户包括美国中高端超市及知名餐饮企业，其产品研发能力和质量控制得到了客户的认同。自收购后公司运转良好，计划将产品推广到中国市场。

厚生投资是以新希望出资为主设立的国际投资基金管理机构，背后投资人实力雄厚。厚生投资旗下管理的基金投资人包括淡马锡、ADM（国际大粮商）、三井物产、国际金融公司等全球范围的著名产业集团和投资机构。

收购澳大利亚保健品品牌Australia Natural Care

2016年6月底，新希望集团旗下产业投资平台草根知本全资收购拥有27年历史的澳大利亚保健品品牌Australia Natural Care（交易额未公布）。至此，一直在乳业、农业等上下游产业链布局的新希望集团正式进入营养健康领域，完成在高端健康食品、健康医疗领域海外战略布局的重要一环。

Australian Natural Care Pty Ltd.（以下简称ANC）成立于1989年，品牌经营年限超过27年，主要经营维生素、膳食补充剂、天然生活用品等产品。ANC目前的119个自主品牌产品以其天然、无污染、无化学残留的品质均获得了澳洲政府TGA审批。

新希望旗下的草根知本对ANC进行并购后，将继续保留ANC的本土化经营理念，保留ANC高层及品牌经营模式，坚持产品的原产地生产，同时进行更加适合中国人体质的新产品研发和在中国的渠道化建设。

草根知本集团正式成立于2015年4月23日，它是新希望集团董事长刘永好先生与王航先生、席刚先生等合伙人共同发起的创新创业平台。草根知本获得先期投资人民币10亿元，预计获得投资将超百亿元人民币。2015年10月，刚创立半年的草根知本已孵化出20个企业。刘永好曾预计，在未来不到10年的时间里，草根知本有可能会超过新希望集团的规模。草根知本的使命是从文化、快消、电商、医疗健康等领域出发，整合新希望的海外战略资源，秉持“优选全球”的理念，实现“健康中国，便利生活”的目标，从乳业出发，逐渐覆盖高端健康食品、O2O、移动互联、冷链物流、健康医疗、跨境电商等领域。

新希望之所以能在ANC的竞购中胜出，是因为新希望为ANC拓展了中国市场，ANC的管理层认同这一战略。收购以后，新希望没有更换ANC的管理层，全部由澳大利亚当地人进行管理。

建立信任感是新希望在跨国并购中找到的一个关键词。这不仅体现在并购过程中，在并购后的整合管理上，新希望也在遵循这样一种解决思路。很多中国企业在跨国并购之后，会外派中国人去担任国外高管或者聘用语言相通的华裔经理人，而新希望则从一开始就决定尽量雇用当地人、高水平的外籍高管去管理当地业务。新希望认为，语言不通可以翻译，但是价值观的不同才是最根本的，必须一开始就找到合适的人。

澳新平台总裁尼克就是他们找到的这样一个生动的例子。由于有共同的价值观，有主动的事业动机驱动，他会在休假期间，安排家人去滑雪，而自己抱着电脑和国内同事进行邮件沟通。有这样专业的当地人才去和当地市场谈投资、谈业务，更容易建立信任感，显然比让一个中国面孔去整合资源来得更加容易。

而新希望的人力资源部要做到的关键事情就是建立合理的中长期激励机制，以保持这种信任与主动性，将他们变成外籍业务合伙人。除了澳新，新希望其他区域中心的负责人几乎都是聘请的国际化人才。当地人有当地的人脉、资源、关系，熟悉合作伙伴，能带来更多的机会。

刘畅接班对国际化战略的影响

2013年5月23日，刘永好宣布退休，女儿刘畅接棒成为新希望集团下属上市公司新希望六和的董事长。当年6月30日，在新希望集团成立30周年庆典上，刘永好当着众多老友的面将刘畅正式推上了新希望的主舞台。

为了让刘畅顺利接班，刘永好也煞费苦心，搭建了一个新老结合的双核班底，由熟悉新希望并曾出任六和集团总裁的管理学教授陈春花和刘畅一起担任联席董事长，李兵担任总裁，同时辅以黄代云、王航等“老人”，陈春花负责战略，刘畅负责企业治理，李兵负责落地执行。陈春花上任之后进行了大刀阔斧的改革，扫平了新希望原有的顽疾，为刘畅的独自掌舵铺平了道路。2016年5月，成功完成任务的陈春花卸任新希望六和联席董事长，将指挥棒交给了刘畅。

刘畅认为，在接班之前，她更多地将自己看作是家族企业的成员，而接班之后，她的身份已经转变为职业经理人，她现在更多的是站在一个守护者的角度来看待新希望。刘畅掌舵下的新希望将在三个领域发力，一是产业升级，二是食品端，三是国际化，而这三方面其实是紧密联系、相互支撑的。

在刘畅看来，此前新希望更多是以饲料和禽肉供应商的身份出现，但实际上新希望已经参与到海底捞、吉野家、7–11等品牌的餐饮中，具备了将中餐、西餐标准化、再工业化的能力。下一步，刘畅打算将这部分能力变成一种服务，包括成立美食发现中心、对下游的社会化餐饮和消费群体提供解决方案。从报表上来说，食品端的利润会越来越多，这也将改变原有的业务格局。

事实上，在这一方面新希望近年来动作频频，包括2013年收购澳洲知名牛肉加工和出口商Kilcoy，获得了高端牛肉产品资源；2014年，公司再度收购了美国伊利诺伊州芝加哥公司Ruprecht，而这也是一家中高端食品深加工企业。2015年，新希望乳业与Moxey家族、Perich集团及澳大利亚自由食品集团合资成立了“澳大利亚鲜奶控股有限公司”。

这一系列的交易，让新希望饲料和养殖企业的身份慢慢淡化，而其食品王国的轮廓渐渐清晰。刘畅认为，这也是社会在倒逼新希望改变。在消费升级的背景下，消费人群和消费需求不断变化，需要有更好的食品，但同时也要求有更好的产业链，并且可以全球资源采集，这样的配置公司才有竞争力。

案例四　跨国并购之娃哈哈集团

杭州娃哈哈集团创建于1987年，从3个人、14万元借款白手起家，在创始人宗庆后的领导下，现已发展成为中国最大的饮料企业之一，饮料产量位居世界前列。在全国29个省（市、自治区）建有近80个生产基地、180多家子公司，拥有员工3万名。产品主要涵盖蛋白饮料、包装饮用水、碳酸饮料、茶饮料、果蔬汁饮料、咖啡饮料、植物饮料、特殊用途饮料、罐头食品、乳制品、医药保健食品等十余类190多个品种，其中包装饮用水、含乳饮料、八宝粥罐头多年来产销量一直位居全国前列。

娃哈哈除食品饮料研发、制造外，同时有2个精密机械制造公司，自己设计开发、制造模具和饮料生产装备，另外还有印刷厂、香精厂。公司近年开始向菌种、酶制剂、机电等高新技术产业发展，目前已形成自己的菌种资源库，并成功自主开发了串联和并联机器人、自动物流分拣系统等智能设备，成为食品饮料行业具备自行研发、自行设计、自行生产模具、饮料生产装备和工业机器人能力的企业。

2017年5月12日，中国糖果的公告显示，新百利融资代表要约人Ever Maple Flavors and Fragrances Holdings Limited（恒枫香精香料控股有限公司）提呈自愿性有条件现金要约，以收购中国糖果全部已发行股本中的所有股份。上述要约人唯一最终实益拥有人就是娃哈哈的二代掌门人宗馥莉。在中国糖果已发行股本无变动的情况下，根据要约价每股0.3565港元计算，宗馥莉需花约5.73亿港元才能将中国糖果全部已发行股本买下。

截至2017年7月13日，宗馥莉只收到26.03%股票，除两位主要股东外，散户当中竟然只有37万股接受要约。当天，中国糖果宣布要约失效，不会延期或修改。

目标公司：中国糖果

中国糖果是好来屋（福建）食品股份有限公司于2015年在香港联合交易所有限公司创业板上市的公司，主要生产各种糖果，包括凝胶糖果、充气糖果、硬质糖果及巧克力制品。自上市第一天，中国糖果就表现得不同寻常。2015年11月11

日，中国糖果以配售形式上市，当时每股配售价0.2港元，第一天上市就大幅上涨15倍，收于3.25港元，但是其后在11月18日突然暴跌81%，第二天再大跌63%。根据《创业板上市规则》，创业板新股上市的发定承配人数不得低于100人，而中国糖果只有124人。其中三大承配人持股量大约仅为20%，两大股东许金培、郭纯恬各占52%及20%。根据相关分析，中国糖果很可能是典型的"壳公司"。

此外，公司原控股股东为嘉庆发展有限公司（实际由中国糖果董事会主席、好来屋董事长许金培控制），其持有中国糖果股份比例由2016年3月30日的51.99%逐步下降至目前的9.33%。在业绩表现方面，中国糖果公司拥有人应占亏损在2016年达到287.1万元人民币，在2015年为467.3万元人民币。

此次收购为何未能成功？

中国糖果在门槛较低的港股创业板上市不到两年便有意易主，是典型的造壳、卖壳。财报显示，中国糖果2015年、2016年均处于亏损状态。在此之前的一年里，中国糖果的股价始终徘徊在0.1～0.15港元，公布收购要约后，股价一路持续攀升，在5月22日一度暴涨至0.94港元，与过去52周内0.093港元的最低股价相比，翻了足足10倍。

自公司2015年11月上市以来，与宗馥莉签订不可撤回承诺的主要股东嘉庆就从最初持股51.99%经三次减持至11.19%。2016年2月22日，中国糖果以购入作办公室及用作一般运营资金为由，扩大股本16.67%。主要股东嘉庆及Noble Core的持股比例又被稀释至9.33%及16.68%。

宗馥莉为何并未获得50%投票权？首先，中国糖果的大股东（嘉庆及Noble Core）曾经多次减持公司股份给第三方，但实际上减持部分被券商持有，且每家的持有量均不足5%的举牌线，此时他们已布好高价套现的局；其次，中国糖果在宗馥莉收购前配售新股，名义上是业务发展所需，实际上是低价获得更多筹码；最后，中国糖果放出宗馥莉收购的消息，股价直线拉升后，所有不足5%的持股人都可立即高位套现。

收购目的之一：为娃哈哈上市做准备？

同为食品行业且业务匹配度较高，中国糖果是否会是娃哈哈的第一家上市公司？

宗馥莉是通过恒枫控股实施此次收购的。恒枫是宏胜集团的控股方，持有其98%的股份，宗馥莉是杭州宏胜饮料集团有限公司总裁。宏胜承担了娃哈哈集团三分之一的产品加工业务，同时主营食品香料、机械模具、印刷包装和饮料生产等业务，2015年营业收入为71.18亿元，入选“2015中国民营500强企业榜单”。

如今，曾被传为神话的娃哈哈业绩下滑。2015年，娃哈哈的销售额骤降为494亿元，相比于高峰期的业绩，其营收几近腰斩。近年，中国的饮料市场增长放缓已是不争的事实，在此重压之下，娃哈哈试图通过多元化经营来突破重围。然而，无论是进军童装市场，还是奶粉、白酒等行业，娃哈哈均未取得理想成绩。

就在外界认定娃哈哈将借此次收购借壳上市时，娃哈哈集团却表示，宗馥莉收购中国糖果是宗馥莉个人行为，与集团公司无关。

确实，宗庆后领导的娃哈哈似乎一直对上市不感兴趣。宗庆后曾表示，娃哈哈不差钱，没有通过上市融资的需要；目前娃哈哈虽然没有上市，但公司治理水平远高于一些上市企业。

娃哈哈不上市的原因主要是：首先，企业自身现金流充裕；其次，公司法规定股份有限公司的发起人需在200人以下，而娃哈哈的股东较多，无法上市。可以想象，娃哈哈全部整合上市将是一项浩大的工程，如果娃哈哈要上市，首先要解决目前的股东之困，娃哈哈需要重新成立一家股东数量在200人以内的新公司。

收购目的之二：二代想要提高独立性?

宗馥莉在食品及饮料业务拥有逾10年的经验。2004年，宗馥莉大学毕业后回国不满一年便开始担任娃哈哈萧山二号基地管委会副主任。4个月之后，宗馥莉兼任杭州娃哈哈童装有限公司与杭州娃哈哈卡倩娜日化有限公司总经理。

2010年，宗馥莉成为杭州宏胜饮料集团有限公司总裁，承担娃哈哈集团三分之一的产品代加工业务。2016年，宗馥莉推出以自己的英文名Kelly命名的全新品牌——Kellyone个人定制果蔬汁，并注册了宁波宏胜优品电子商务有限公司来运营。她还主导了公司近几年的国际化战略和产业链整合，从单纯的饮料生产，向原料生产等产业链两端稳健延升。

国际化是娃哈哈的必然之路，在这个思考点上，宗馥莉的思维十分清晰。2012年9月，宗馥莉向浙江大学捐赠7000万元人民币，成立馥莉食品研究院，为国内食品行业培养顶尖人才，也为娃哈哈培养国际化人才做准备。宗馥莉的这一举措，很具前瞻性和现实性。在她的布局中，娃哈哈的国际化首先从人开始。在这一点上，宗庆后对女儿给予了最大的支持。宗馥莉对国际化的看法是：“真正的国际化不是卖几瓶饮料到国外，而是整个生产链，包括生产、销售和采购供应链都在全球建设。”她希望娃哈哈成为中国第一家真正国际化的食品企业。在宗馥莉看来，食品研究院将成为娃哈哈走向国际化的一块基石。

宗馥莉在经营理念和经营方式上都表现出了与父亲宗庆后截然不同的一面。

与父亲重视实业盈利不同，在娃哈哈集团内部，宗馥莉更懂得利用资本市场来推动公司发展。比如，2016年10月，宗馥莉所领导的宏胜饮料集团曾经拜会包括高盛在内的多家国际银行，想要收购美国最大的乳品企业迪恩食品。而此次收购中国糖果的举动也可视为宗馥莉希望在娃哈哈现有体系外开辟一个属于自己可以掌控的平台来经营她旗下的业务。在此之前，2010年，娃哈哈试图收购菲律宾糖业公司，为提供原材料降低生产成本；2012年，娃哈哈曾拟收购英国联合饼干公司旗下的零食业务分支KP snack、西澳大利亚最大乳品生产商，但均没有结果。

曾公开指出“长线产品缺失是娃哈哈增长瓶颈的关键之一”的宗馥莉认为，娃哈哈这个量级的企业，如果没有几个年销售收入超过几十亿元甚至上百亿元的核心产品支撑，这个企业注定是不安全的，更不要说再继续长大了。看到问题关键的宗馥莉一直在努力思考和实践，试图为娃哈哈集团闯出一条新路。她认为，国内市场竞争激烈，难有作为，国际化或可一试。掌管宏胜集团后，宗馥莉从OEM代工开始开发市场。她主动承接一些国际饮料厂的OEM订单，以培养出口业务团队迅速熟悉英美市场，通过代工了解市场对某种新产品的接受程度，再决定自有品牌是否推出同类产品。

长期的国外生活经历让宗馥莉看到了中西方国家在饮食习惯上的巨大差异，如果能把娃哈哈品牌跟健康、营养联系起来，围绕主业向上下游发展，娃哈哈便能更加国际化、多元化。宗馥莉打算做一些与中国传统文化相关的事情，针对低糖、草本等概念做产品研发。比如在古代，冰糖雪梨茶其实是一种奢侈的贵族饮品，而现在市场上普通的冰糖雪梨茶的销量还远不能达到预期。“真正好的产品要能还原出老配方和老味道，告诉消费者更多的饮食故事。”宗馥莉认为，借鉴国外一些比较健康的饮食理念，研究中国古食谱和传统饮品配方，再利用现代企业的工艺化、一体化运作向国外市场推广，应该是一个新方向。

依此想法，2010年5月，娃哈哈成立进出口公司，承担集团的进出口、国际化和海外并购任务，由宗馥莉掌管。从2011年开始，宗馥莉突破公司以往在国外主要做华人生意的状态，开拓欧美主流销售渠道并开发适合其消费者口味的产品。欧美消费者更倾向于饮用原味茶。为了调试出最合适的口味，宗馥莉不仅让公司寻找外国留学生定期做产品测试，还在国外开展调研。只要在国外，她都会带上几个同事到当地的超市，去看什么产品卖得好，有哪些包装、标签比较特别。2011年年底，娃哈哈首批针对国外市场的茶饮料诞生。宗馥莉又带着它们拜访了西班牙、英国等地超市的买手，听取意见，继续调试优化。

在开发新产品的同时，宗馥莉还寻找海外机会，希望通过并购实现对原料的控制，以提升公司的整体价值。尽管一路走来并不顺畅，但宗馥莉从未动摇过走国际化道路的决心。这种勇于探索、对寻求出路非常执着的态度源于她对食品行业的热爱:“我喜欢比较实在的东西，食品行业对每个人都很重要，它虽不是朝阳产业，但却是一个非常稳定的产业。”

跨国并购案例小结

新希望在刘畅接班后开展了多起跨国并购，并继续在国外建立多家子公司，慢慢淡化了新希望饲料和养殖企业的身份，而其食品王国的轮廓则渐渐清晰，新希望正在产业升级的道路上前进。娃哈哈的宗馥莉自从进入娃哈哈后，也从来未曾放弃走国际化道路。她接管娃哈哈海外进出口业务以来，曾经多次尝试收购国外企业，但均未能成功。

同处农业和食品行业，同样是女儿接班，新希望和娃哈哈的国际化之路逐渐显现出不同的气象。就目前而言，显然是新希望的国际化业务开展得更有声有色，而娃哈哈的国际化之路则显得不太顺利。

在传承规划方面，刘永好可谓思路清晰，为刘畅的接班制定了循序渐进的规划，尽量铺平了道路。在刘畅能够独当一面后，刘永好正式让刘畅任职了上市公司董事长，使得刘畅能够有较大的自主权，将自己关于消费升级和创建食品王国的想法真正付诸实践。

宗庆后则至今仍然担任着娃哈哈的董事长，全面掌管着企业的一切。宗馥莉虽然负责娃哈哈的进出口业务已有7年的时间，但每次拟收购国外的尝试均以失败告终。在海外学习生活多年的宗馥莉，有着开阔、开放的国际视野，始终认为国际化是娃哈哈的必经之路。宗馥莉如今主要负责宏胜饮料集团和娃哈哈的进出口公司，而后者正是娃哈哈国际化和对外投资的主力。但是，宗馥莉在经营理念和经营方式上都有着与父亲宗庆后截然不同的一面。宗庆后在宗馥莉的接班问题上始终下不了决心，每一次当被问及接班问题时，宗庆后总是面露无奈地说“现在还不急，她也不感兴趣”。在经营上的分歧使得父女俩在传承规划上始终没能达成一致意见，也似乎没有长期规划。宗馥莉曾希望宗庆后能考虑引入职业经理人，但是她自己也对于外来经理人融入娃哈哈的公司文化没有什么信心。

在企业经营方面，娃哈哈集团曾经引以为豪的经销商体系已经成为弱势，长线产品缺失，多元化业务泛滥。特别是对于宗庆后亲自力推的娃哈哈集团多元化重要方向的零售业务，宗馥莉并不支持，认为这种非相关多元化有损娃哈哈的品牌价值，不利于构建核心竞争力。宗馥莉希望娃哈哈能够做成一个饮料专业化的公司，对于娃哈哈集团饮料之外的其他业务，她都拒绝接手。

事实上，在娃哈哈集团的内部管理上，宗庆后永远都是亲力亲为，从最初一两千人的工厂到现在员工超过3万人的企业集团，娃哈哈却始终还是“一个人的公司”，从未设立副总，事无巨细都需要宗庆后亲自审批。对于这样的管理方式，宗馥莉也很无奈。宗庆后的性格造成了如今的局面，如果换一种方式，无论是宗庆后还是员工都会不习惯。

本章参考文献

[1] 姜彦福, 沈正宁, 叶瑛. 公司创业理论:回顾、评述及展望[J]. 科学学与科学技术管理, 2006, 27(7):107−115.

[2] Banalieva E R, Eddleston K A. Home−region focus and performance of family firms: The role of family vs non−family leaders[J]. Journal of International Business Studies, 2011, 42(8):1060−1072.

[3] Fernández Z, Nieto M J. Impact of ownership on the international involvement of SMEs[J]. Social Science Electronic Publishing, 2006, 37(3):340−351.

[4] Fernández Z, Nieto M J. Internationalization strategy of small and medium−sized family businesses: Some influential factors[J]. Family Business Review, 2005, 18(1):77 - 89.

[5] Gallo M A, Pont C G. Important factors in family business internationalization[J]. Family Business Review, 2010, 9(1):45−59.

[6] George G, Wiklund J, Zahra S A. Ownership and the internationalization of small firms[J]. Journal of Management, 2005, 31:210−233.

[7] Gomes L, Ramaswamy K. An empirical examination of the form of the relationship between multinationality and performance[J]. Journal of International Business Studies, 1999, 30(1):173−187.

[8] Gomez−Mejia L R, Takacs−Haynes K, Nunez−Nickel M, et al. Socio−emotional wealth and business risks in family−controlled firms: Evidence from Spanish olive oil mills[J]. Administrative Science Quarterly. 2007, 52:106−137.

[9] Graves C, Shan Y G. An empirical analysis of the effect of internationalization on the performance of unlisted family and nonfamily firms in Australia[J]. Family Business Review. 2014, 27(2):142−160.

[10] Hitt M A, Hoskisson R E, Kim H. International diversification: Effects on innovation

and firm performance in product-diversified firms[J]. Academy of Management Journal, 1997, 40(4):767-798.

[11] Kim W C, Hwang P, Burgers W P. Multinationals' diversification and the risk-return trade-off[J]. Strategic Management Journal, 2010, 14(4):275-286.

[12] Lu J W, Beamish P W. The internationalization and performance of SMEs[J]. Strategic Management Journal, 2001, 22(6-7):565-586.

[13] Lu J W, Liang X, Shan M, et al. Internationalization and performance of chinese familyfirms: The moderating role of corporate governance[J]. Management and Organization Review, 2015, 11(4): 645-678.

[14] Oviatt B M, Mcdougall P P. Defining international entrepreneurship and modeling the speed of internationalization[J]. Entrepreneurship Theory & Practice, 2005, 29(5):537-554.

[15] Pukall T J, Calabr ò A. The internationalization of family firms: A critical review and integrative Model[J]. Family Business Review, 2014, 27(2):103-125.

[16] Ruigrok W, Wagner H. internationalization and performance: An organizational learning perspective[J]. Mir Management International Review, 2003, 43(1):63-83.

[17] Sciascia S, Mazzola P, Astrachan J H, et al. The role of family ownership in international entrepreneurship: exploring nonlinear effects[J]. Small Business Economics, 2012, 38(1):15-31.

[18] Sullivan D. The threshold of internationalization:Replication, extension, and reinterpretation[J]. Mir Management International Review, 1994, 34(2):165-186.

[19] Tsao S M, Lien W H. Family management and internationalization: The impact on firm performance and innovation[J]. Management International Review, 2013,53(2):189-213.

[20] Vernon R. International investment and international trade in the product cycle[J]. The Quarterly Journal of Economics, 1966,80(2): 190-207.

[21] Zahra S A. International expansion of US manufacturing family businesses: the effect of ownership and involvement[J]. Journal of Business Venturing, 2003, 18(4):495-512.

第五章

家族企业的战略变革

第一节 核心发现

1. 战略变革短期内会损害中国家族上市企业的盈利水平

我国家族企业上市公司战略变革与企业资产回报率呈现显著负相关关系，即家族企业战略变革程度越大，企业资产回报率越低。一方面，战略变革会在短期内给企业带来巨大的阵痛,很可能使企业的绩效产生反向的质变，同时企业战略变革成功与否的关键是要看企业是否具备战略变革能力；另一方面，战略变革与企业绩效的关系可能是动态的，需要更长的观察期。家族企业战略变革的进行首先要以系统的环境分析为前提，坚持与外部环境变化取得良好匹配，充分地利用市场中的各种机遇，并且恰当地规避各类市场风险。同时，在战略变革进行过程中，要及时地关注战略变革的各个环节并适当地进行修正和改变，这样才能保证战略变革的稳步运行。

2. 微小型和新创型家族企业更加可能采取战略变革

从企业规模角度看，微小型家族企业战略变革程度大于中型、大型家族企业。规模较小的家族企业，往往内部凝聚力非常强，经营机制灵活，强调“船小好掉头”。当企业规模逐渐壮大后，企业更加强调组织内部制度化和运营效率，可能会牺牲掉一部分灵活性，战略变革程度相对较小。从企业年龄来看，新创企业的战略变革程度明显高于成熟企业和成长企业。随着组织规模和年龄的增大，组织惯性也会逐渐增强，这种惯性约束会降低管理者对组织实施改变的自由度。组织长期建立起来的规则和结构一定程度上会削弱战略变革的程度。

3. 二代参与会显著降低中国家族企业的战略变革水平

家族涉入、创始人特征、二代参与的差异都会对家族企业战略变革状况产生影响。在股权和管理权上同时参与的家族企业的战略变革程度低于仅股权参与的家族企业。创始人年龄、学历、政治身份等特征可能是影响家族企业战略变革的

重要因素。对于中国的大多数家族企业来说，在传承的同时也面临着企业转型的挑战。代际涉入是两代家族成员同时影响公司决策、共同决定家族企业未来发展的重要时期，因而二代的参与也会在很大程度上影响家族企业的战略变革。二代的参与方式、海外留学经历、政治身份、创业经历都是影响家族企业战略变革的重要因素。

第二节　理论基础

我国经济发展已迈入新常态阶段，进入经济结构调整的阵痛期，逐渐从高速增长转为中高速增长，从要素驱动、投资驱动转向创新驱动。在国内外市场的双重压力下，企业面临着更加白热化的竞争环境，经营环境呈现出高度的不确定性和动荡性。保持公司活力与创业激情，增强企业快速反应能力，成为许多企业在探索持续发展与保持竞争优势时面临的重要问题。企业通过公司创业来进行创新、寻求新投资活动机会以及战略性更新，是企业获取竞争优势的重要手段。公司创业本质上代表了企业创造、掌握及追求市场机会的行为，其核心是创新和变革，而具备创业特质的组织是创新的主要来源（Steiner和Miner,1997）。公司创业是公司在现有组织基础上借助内部创新或公司投资产生新业务，并通过战略革新带动的组织变革（Dess、Ireland和Zahra,2003）。战略变革是协调组织内外部资源以有效适应环境变化的重要手段之一（Herrmann和Nadkarni, 2014），其目的在于构建和维持企业竞争优势。企业只有主动积极地进行战略变革，才能有效地应对转型，实现永续经营和持续成长。在应对环境挑战以及完成转型升级目标的过程中，作为民营经济主体的家族企业发挥着重要作用。

目前，我国多数的家族企业已经度过了起步阶段，如果继续单纯地依托家族本身的资源，则越来越不能适应发展的需要。从家族企业目前从事的行业来看，我国家族企业大多集中在国民经济体系中比较低端、相对微利的行业。在家族企业创业和发展阶段，这些行业的进入壁垒较低，故而大量的家族企业如同潮水般涌入了那些低技术、低成本、劳动密集型产业，高耗能、高污染和低附加值成了公众对家族企业的普遍印象。从家族企业的治理结构来看，长期以来依赖“大家长”的决策，导致企业对个人权威过于推崇，进而失去了许多优化人才和决策机制的管理制度。在当今互联网时代的冲击与市场盈利模式升级的影响下，企业增长的瓶颈促使越来越多的家族企业走上了转型升级之路。在转型升级压力下，中国家族企业长期以来依赖的低劳动力和低环境成本优势不复存在，必须通过战略上的及时调整和变革，摆脱路径依赖，离开已有的发展模式和轨道，才能重新建立竞争优势。因此，家族企业在战略上的主动变革不仅是应对环境挑战、实现跨代经营的重要策略，而且对于中国经济的持续、稳定增长也具有举足轻重的意义。

中国的广大家族企业只有通过主动的战略调整和变革，从低层次的“成本竞争”和“资源竞争”上升到高层次的“产品价值竞争”，才能在目前复杂严峻的环境中取得可持续发展。因此，探讨家族企业的战略变革问题就成为现阶段理论界和实践界共同关注的焦点，它不仅关系到家族企业跨代经营和财富延续，而且关系到中国经济的健康和可持续增长。

为了了解中国家族企业战略变革的整体状况及趋势、产生的经济效应以及不同影响因素导致的差异性表现，课题组对2009—2015年在沪深交易所上市且发行了A股的中国制造业家族上市公司的战略变革状况进行了分析。本研究选择制造业上市公司的样本主要基于以下考虑：1）制造业在中国家族上市公司中所占的比例高达70%，在民营经济中占据重要地位；2）由于中国大量的民营制造业企业在2008年之后进行转型升级，战略调整在这一行业中十分普遍，符合本研究的要求。

根据以往的研究，我们通过企业的多个关键战略资源维度在配置方式上的变化程度来界定战略变革，通过测量一系列战略资源在配置水平上与行业主流的差异以及在年度区间内的波动程度来衡量战略变革。如果战略资源配置在年度区间内以及与行业主流差异上呈现出较小的波动，则认为企业战略变革程度较小。反之，则认为战略变革程度较大。具体测量过程如下：首先获取了6个战略资源维度指标，包括3个企业资源配置指标以及3个企业费用结构指标。6个指标分别为：1）广告投入比率（年度广告费用/年度销售总收入）；2）研发投入比率（年度研发投入费用/年度销售总收入）；3）工厂设备新颖性（年度固定资产净值/固定资产总值）；4）非生产性支出比率（年度销售、管理费用/年度销售总收入）；5）存货水平（年度存货/年度销售总收入）；6）财务杠杆比率（年度负债/股东权益）。然后计算各个比率在t与$t-1$年之间的差值，比如$\Delta_{\text{研发投入比率}}$=研发投入比率$_t$–研发投入比率$_{(t-1)}$，然后通过行业平均数对变化率进行了调整，行业调整后的$\Delta_{\text{研发投入比率}}$=研发投入比率$_t$–研发投入比率$_{(t-1)}$–（行业研发投入比率平均数$_t$–行业研发投入比率平均数$_{(t-1)}$）。然后对所得的数据进行了标准化处理。战略变革的综合测量最后由六个指标的平均值求得。

第三节 战略变革的价值效应

战略变革被普遍认为是企业在发展过程中的必经之路和扭转颓势的良方。然而，关于战略变革与企业绩效关系的研究却没有一致的结论。有研究表明，战略变革提高了财务绩效和公司生存的可能性（Haveman，1992）。Zajac等（1993）发现战略变革为企业带来竞争优势并最终提升企业绩效。但在另一些研究中，却获得了相反的结果，认为战略变革会损坏企业绩效、降低企业的生存能力(Singh，1986)。也有研究发现，战略变革与绩效间呈倒U形关系，即战略变革存在一个最佳度，战略变革达到最佳度时企业获取最优绩效，而超出最佳度的过度变革则会损害企业价值（Smith，1987）。Kelly 等（1991）研究发现两者之间并无显著的相关性。

本研究对家族企业战略变革和企业绩效之间的关系进行了回归分析，采用滞后一年的资产回报率测量企业绩效，并对企业年龄、企业规模、企业冗余资源、是否为高科技行业等关键要素进行了控制。图5-1所示为战略变革与资产回报率之间的关系。检验结果表明，战略变革与资产回报率呈现显著负相关关系（β=−0.012，p<0.001）。说明当家族企业战略变革程度越大时，企业资产回报率越低。

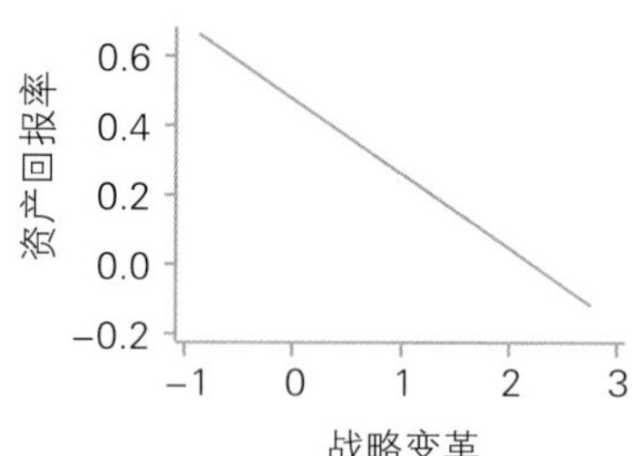

图5-1　战略变革与资产回报率关系图

从分析结果看，家族企业的战略变革在短期内并没有提高企业绩效，反而对企业绩效有消极作用，可能有以下几方面原因。

第一，提高组织绩效的愿望是企业进行战略变革的重要动因。但是，战略变革会在短期内给企业带来巨大的阵痛,如果企业不进行认真审核和应对，其很可能对企业的绩效产生反向的质变影响。企业战略变革成功的关键是要看企业是否具备战略变革能力（Ginsberg,1988）。片面地追求快捷的反应速度可能会带来质量降低、成本提高等隐性问题。例如Kalen（2003）通过对美国一些小型企业调研发现,战略变革的幅度越大,速度越快,越不容易提升企业的绩效,甚至会恶化绩效。

战略变革能力可以分为环境认知能力、资源整合能力和管理创新能力。企业战略变革成功的前提是必须具备判断和分析环境的能力。这一过程不是对环境变化的盲目跟随,而是基于企业内部条件和外部环境的实际情况而做出的理性决策。对外部环境变化的正确认知和把握,有助于企业正确分析外部环境对企业战略转型的影响。这样，企业可以客观地分析环境变化引起的变革要求,比如企业的产品数量、业务组合和市场定位等,从而把握变革的内容和过程,并更好地化解变革阻力,其对组织绩效应该呈正向显著关系。企业战略变革的第二个环节是资源整合过程,与之对应的是资源整合能力,此能力代表了变革过程中的资源获取和使用率。较高的资源整合能力可使企业以更快的速度和更低的成本来获取和配置各种资源（资本、知识、物力等），以更高的效率实现资源在企业内部的转化,使资源与战略更加匹配。此外,较强的资源整合能力还能为企业实现自身重组、兼并购买其他企业或者构建企业联盟提供资源上的支撑，不仅可以提高资源效用,实现资源的优化配置,还可以获得更大的市场份额,获得更多的发展机会。企业战略变革不是企业的常态,而是在特定环境下对企业做出的特殊调整。所以,战略变革不同于一般的管理过程,需要更具创新性的管理方式。

第二，战略变革与企业绩效的关系可能是动态的，需要更长的观察期。例如，Hasen通过对德国13家企业的连续5年的追踪观察发现,在德国制造业转型期,当进行多元化变革时，前两年很难看到绩效的明显提升,甚至会出现下滑。但是两年后会慢慢地出现绩效的明显提升。

企业进行战略变革本身面临着较大的风险，通过对现实中的企业进行战略变革过程分析可知，一些企业成功地完成变革，而大多数企业却在实际转变的过程中失败了。失败的原因有很多方面。一些企业是因为缺乏系统合理的变革计划，一些企业是因为战略方向选择失当，还有一些企业是因为在实际操作过程中没有处理好一些方面的具体问题。但是，如果不进行战略变革，而是选择坚持旧有的战略，将使得企业由于难以与外部环境的变化相匹配而逐步走向衰退的深渊。所以，在当前环境快速变化的环境下，家族企业只有积极主动地进行自我革新，才有机会发现并把握市场机遇，从而实现绩效和经营状况的改善。家族企业战略变革的进行首先要以系统的环境分析为前提，只有坚持与外部环境变化取得良好匹配，企业才能够充分地利用市场中的各种机遇，并且恰当地规避各类市场风险。同时，在战略变革进行过程中,只有及时地关注战略变革的各个环节并适当地进行修正和改变,才能保证战略变革的稳步运行。

第四节　战略变革现状及差异

首先，从企业规模角度看，微小型家族企业战略变革程度最大（0.2882），中型企业次之（0.1305），大型企业战略变革程度最小（–0.0372）（数值越小，表明变革程度越低）（见图5–2）。规模较小的家族企业，往往内部凝聚力非常强，经营机制灵活，强调“船小好掉头”。但当企业规模逐渐壮大后，过去的管理模式难以为继，企业最需要的是内部流程、权责利的制度化。此时企业强调组织的运营效率，可能会牺牲掉一部分灵活性，战略变革程度相对较小。

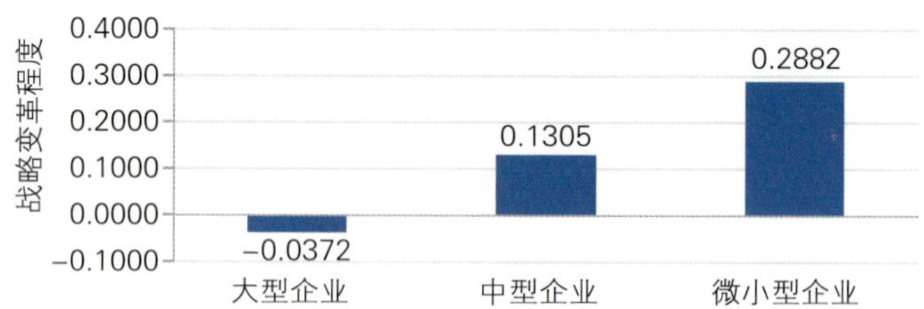

图5–2　不同规模家族企业的战略变革状况

其次，从企业年龄来看，新创企业的战略变革程度（0.0584）明显高于成熟企业和成长企业（见图5–3）。随着组织规模和年龄的增大，组织惯性也会逐渐增强，这种惯性约束会降低管理者对组织实施改变的自由度。随着组织惯性的增大，管理者会越来越认同组织长期建立起来的规则和结构，不愿意打破这些惯例。因此，战略变革的程度被削弱。

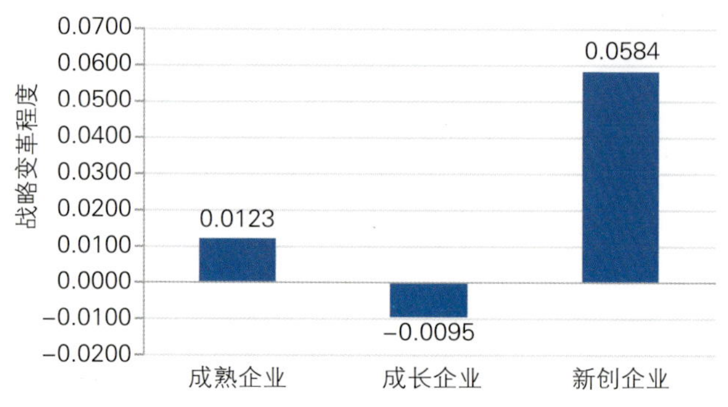

图5–3　不同年龄家族企业的战略变革状况

为进一步了解家族企业战略变革在不同组别之间的差异，本研究从家族涉入、创始人特征、二代参与三个方面对家族企业战略变革状况进行了差异性分析。

1. 家族因素影响

比较不同家族涉入类型的家族企业战略变革状况，研究发现，同时参与股权和管理权的家族企业（–0.0074）战略变革程度明显低于仅股权参与的家族企业（0.0273）（数值越小，表明变革程度越低）（见图5–4）。同时参与股权和管理权意味着家族企业不仅拥有所有权，还有家族成员担任高层管理人员。这样的家族企业在面对重大战略决策时，可能会将非经济效用放在首位。非经济效用在家族企业的表现形式有很多种，如对企业施加影响的能力、情感需求、企业实现家族社会地位和价值的延续、家族企业的社会资本保护等。在这种强烈的情感因素的驱动下，它们更偏好一些低风险的战略选择，而战略变革可能给企业带来高风险，甚至会威胁到家族企业的非经济效用，因此，同时参与股权和管理权的家族企业战略变革程度通常更小。

此外，家族参与管理的人员越多，有才能的非家族经理人进入企业，尤其是进入中高级管理层的可能性越低，这使得家族企业可能缺乏外部优秀的职业经理人员带来的稀缺知识和外部资源，降低了管理效率。由于人力资本和知识的缺乏，企业的战略决策容易受到知识路径依赖和资源的牵制，从而减少了战略调整的可能性。

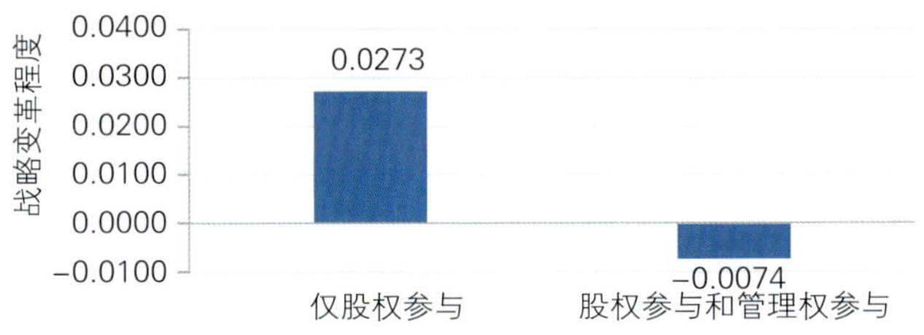

图5–4　不同家族涉入类型的家族企业战略变革状况

2. 个体因素影响

在家族企业中，创始人往往处于核心地位，对企业的战略决策具有举足轻重的作用。因此创始人的一些特征可能是影响家族企业战略变革的重要因素。

第一，从创始人年龄看，创始人是60后的家族企业战略变革程度明显高于创始人是60前的家族企业（见图5-5）。这一现象可能存在以下几方面原因：1）随着年龄增长，人的体力、脑力、精力和学习能力均呈下降趋势，对变化的适应度也越来越低，在决策时整合相关信息的能力较弱，因此识别外界环境变化的能力也会下降；2）在年长的管理者眼中，财务安全是极为重要的，他们将许多比较有风险的行为和战略视为对安全的威胁，所以会采取较为保守的战略来回避风险；3）年老的管理者更有动机去支持企业目前的战略状况，那是因为他们对企业现状更具感情，而且目前的政策他们已经实施多年，对此有更多的心理承诺以及负担。年龄越大的创始人，可能更倾向于制定保守的企业战略来规避风险，使得企业战略变化程度较少。

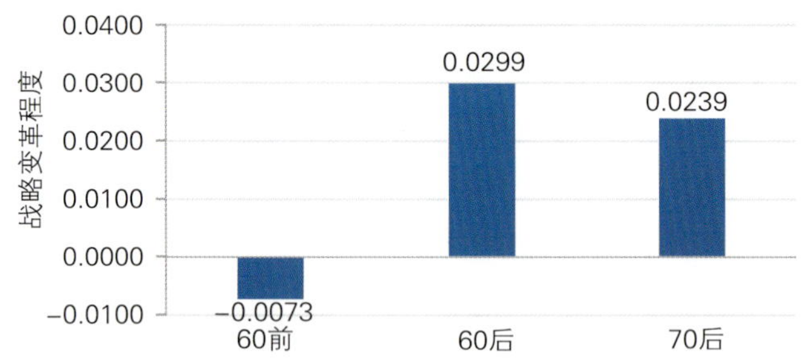

图5-5　不同年龄创始人的家族企业战略变革状况

第二，从创始人的受教育程度看，拥有大学本科及以上学历的企业家战略变革程度较高，本科以下学历的企业家的战略变革程度较低。教育程度会改变创始人的认知能力以及技巧，从而影响到其认知价值观和战略决策行为。既有研究发现，高教育水平的管理者创新能力相对更强，且高学历的管理者倾向于在团队中采取重要的战略决策来获得企业长期的发展，在执行战略变革时也更加成功（Bantel和Jaekson，1989）。

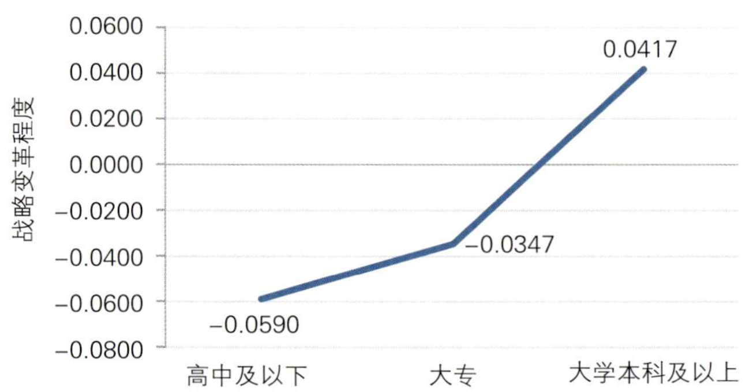

图5-6　不同教育水平创始人的家族企业战略变革状况

第三，从创始人性别上看，男性创始人领导下的家族企业战略变革程度（0.0072）高于女性创始人组别（–0.0483）（见图5–7）。这表明男性创始人相对于女性创始人，在家族企业中实施战略变革的程度更高。

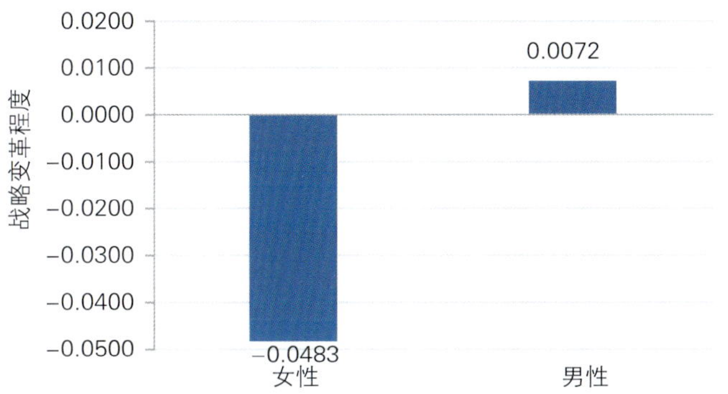

图5–7 不同性别创始人的家族企业战略变革状况

第四，从创始人是否担任CEO看，CEO由创始人担任的家族企业战略变革程度（0.0382）明显高于CEO由非创始人担任的组别（–0.0193）（见图5–8）。一般来说，企业创始人将自己所创建的公司视为其人生中的成就，会倾注更多的心血并进行专有性投资以确保公司的成功。强烈的情感动机使得创始人通常都着眼于长远目标进行决策，更加关注公司的声誉和未来的发展。相对于其他的管理者，创始人往往更具有承担风险的意愿，因而他们有更强的动机去寻找创新性的想法，收集相关市场变化的信息，分析竞争的行为，做出一些更利于企业长期发展的战略调整。

并且，创始人从公司建立起就一直参与公司的具体业务和日常经营，对公司的发展、现有的资源、潜在的资源都有全面的了解，降低了信息不对称的可能性。当环境变化时，他们能够更好地识别对企业战略发展有益的新资源，也更了解企业可以从哪些渠道获得资源，更能结合企业的现实状况去调整和应对，能够提高战略决策调整的速度和质量。

同时，因为创始人往往在所有权上占的比例较大，如果同时作为CEO，他们在企业进行日常经营和战略决策时有很大的权威。面对外面环境变化，特别是出现突发的状况时，企业需要管理层有能力快速做出果断决策。一旦弄清战略情境并把握住相关机会，统一的领导力能使管理层快速做出决定。创始人作为CEO时，战略决策所需的投入和实施都不会因管理层的个人博弈或政治僵局而拖延，在决策速度和决断力上更有优势，更能灵活高效地识别和开发新的机会，因此企业会表现出更高的战略变革程度。

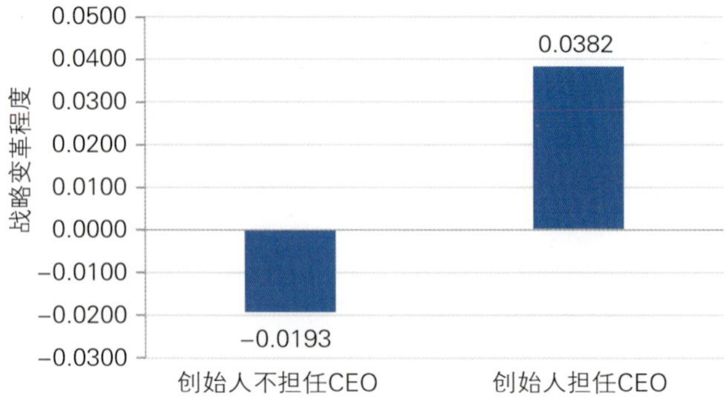

0.0500
0.0400
0.0300
0.0200
0.0100
0.0000
−0.0100
−0.0200
−0.0300
战略变革程度
0.0382
−0.0193
创始人不担任CEO
创始人担任CEO

图5-8　创始人是否担任CEO的家族企业战略变革状况

第五，从创始人的政治身份看，创始人担任人大代表或政协委员的家族企业战略变革程度（0.0449）明显高于创始人没有担任人大代表或政协委员的家族企业（−0.0345）（见图5-9）。政治资本是企业在成长过程中必不可少的资源，是企业能够获得未来各种潜在资源的一种制度支持性资源，因此它深刻地影响到企业在经营困境下能否进行战略变革以及进行多大程度的战略变革（Boubakri等，2008）。拥有政府身份的企业家将会拥有更高的制度自主权优势（连燕玲等，2015），更能得到政府在制度、政策、资源配置等层面上的支持和帮助，更有能力进行战略变革。

0.0500
0.0400
0.0300
0.0200
0.0100
0.0000
−0.0100
−0.0200
−0.0300
−0.0400
战略变革程度
0.0449
−0.0345
有政治身份
无政治身份

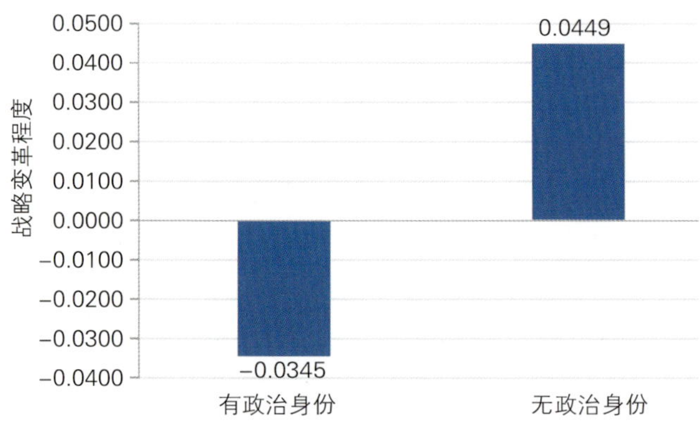

图5-9　创始人是否拥有政治身份的家族企业战略变革状况

此外，课题组从创始人是否有在家族企业外担任高管或董事的经历，是否在商会、行业协会等社会团体任职过，是否担任行业协会领导人等个人经历角度进行了组别分析，没有发现显著差异。

第五节 二代参与和战略变革

对于中国的大多数家族企业来说，在传承的同时也面临着企业转型的挑战。中国的家族企业抓住了改革开放的契机，历经了近40年的发展。一方面，一代创业者渐渐步入老年，需要寻找继承者；另一方面，在中国特殊的经济环境下，行业内部竞争固化，整体产业规模趋于饱和，营销模式逐渐过时，很多传统生产企业面对生存困境，需要寻找新的市场机会来实现企业的转型升级。代际涉入是家族企业传承过程中的一个重要阶段，是两代家族成员同时影响公司决策、共同决定家族企业未来发展的重要时期。在转型变革的十字路口，企业需要不同于以往的知识和才能。代际传承提供了一个良好的机会去解决企业领导人的知识更新问题。因而，二代的参与也会在很大程度上影响家族企业的战略变革。

首先，从是否有二代参与的维度来看，有二代参与的家族企业战略变革程度（–0.0524）明显低于无二代参与的家族企业（0.0452）（见图5–10），这说明有二代参与的家族企业更倾向于保持之前企业战略的稳定。导致这种情况出现的原因可能有：首先，有家族二代参与经营的企业，说明控股股东的跨代控制意愿更高，更愿意将家族传统传给下一代。控股家族通常在选择家族继承人时采用独特的标准，如与家族传统的融合、对老一代的服从以及对家族和谐关系的维持等（De Massis等，2008; Geletkanycz和Hambrick, 1997）。家族后代参与企业经营，具有相同文化背景、价值观以及亲密关系的家族成员在实践中相互磨合，有利于两代人之间对于家族文化、规范、价值观的传授，家族后代在此过程中也能够从老一辈企业家那里获取更多基于公司特质的隐性知识（窦军生、贾生华，2008），

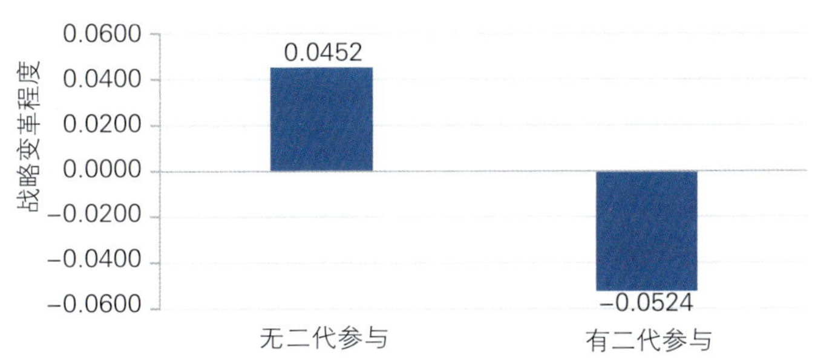

图5–10　是否有二代参与的家族企业战略变革状况

提升了控股家族追求家族核心的非经济目标的能力。因此，存在代际参与的企业，更有意愿和能力来追求家族传统等非经济目标，落实到战略行为上则更倾向于坚持之前的战略。

此外，家族两代人共同管理企业时，能够将家人的个人利益、家族的整体利益与企业利益紧密联系在一起。在“父子搭档”共同管理的过程中，家族内部容易建立起信任和合作，这样的情况可以提升家族对企业的承诺。在家族对企业承诺越高的情况下，家族会更加倾向于长期经营企业，以实现跨越代际的长期愿景，这会在战略决策上体现为长期的视野和规划，更有利于战略上的连贯一致性，从而使得战略变革的程度较小。

从二代参与方式的维度来看，二代同时参与股权和管理权的家族企业战略变革程度（–0.0869）明显低于二代仅股权参与的家族企业（0.0326）（见图5–11）。二代同时参与股权和管理权意味着二代不仅拥有一定的所有权，还在家族企业中担任高层管理人员。二代成员同时参与股权和管理权通常意味着家族具有更强烈的控制意愿，会更加重视非经济效用。战略变革可能给企业带来高风险，甚至会威胁到家族企业的非经济效用，因此，二代同时参与股权和管理权的家族企业战略变革程度较小。同时家族有限的人力资源以及亲密管理模式都可能限制了企业战略变革程度。

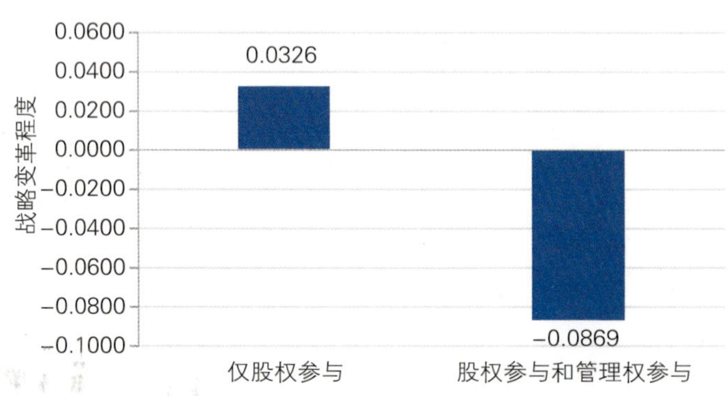

图5–11 不同二代参与方式的家族企业战略变革状况

从二代受教育经历看，二代拥有硕士研究生或博士研究生学历的家族企业战略变革程度明显高于二代拥有研究生以下学历的组别（见图5–12）。受教育程度会影响二代的认知能力及收集信息和处理问题的能力。高教育背景使得年轻一代的学习能力更强，对市场趋势和技术创新需求有更好的体会，也更敢于挑战现有的约定俗成的行业模式，因此受过较高教育的二代更有可能带领企业进行战略调整。

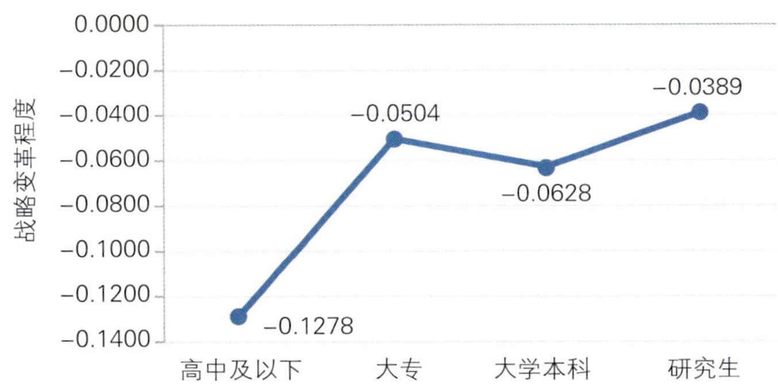

图5-12　不同教育水平二代的家族企业战略变革状况

进一步来说，二代们往往是接受了精英教育的高学历人群，且很大部分有海外留学的经历，这样的教育背景和经历为他们带来了不同的经验和更广阔的视野。从数据分析结果看，二代有海外留学经历的家族企业战略变革程度（0.0511）高于二代没有海外留学经历的组别（–0.1134）（见图5–13）。

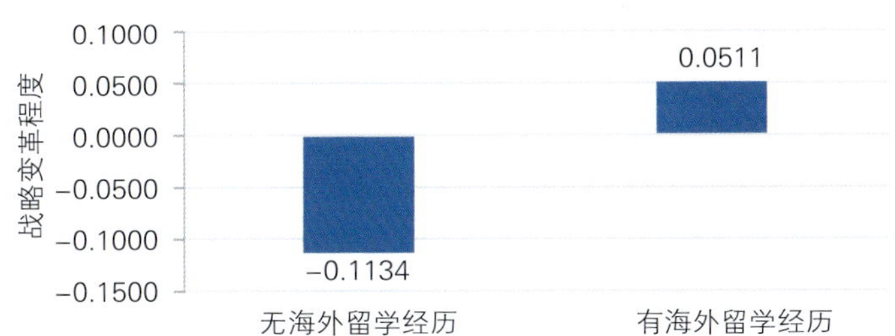

图5-13　二代是否有海外留学经历的家族企业战略变革状况

另外，课题组还针对二代的性别、年龄（70前或70后）等不同个人特征对家族企业战略变革状况进行了组别分析，没有发现显著差异。

从二代是否拥有政治身份来看，二代是人大代表或政协委员的家族企业战略变革程度（–0.0406）高于二代没有政治身份的组别（–0.0506）（见图5–14）。

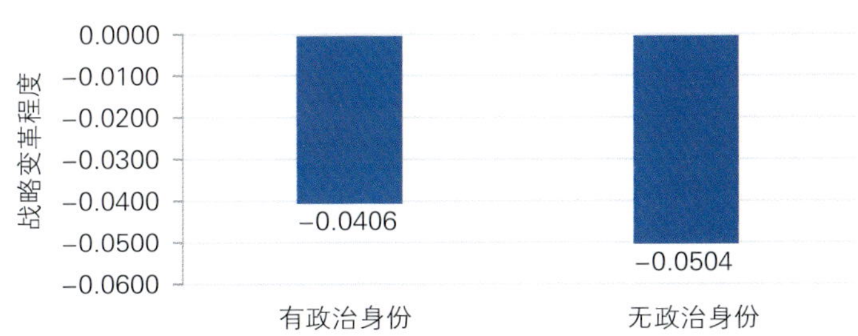

图5-14　二代是否拥有政治身份的家族企业战略变革状况

从二代进入家族企业前是否有创业经历的维度来看，二代有创业经历的家族企业战略变革程度（0.1851）明显高于二代没有创业经历的家族企业（-0.0476）（见图5-15）。家族企业面临的转型升级问题，一定程度上也是企业二次创业的问题。二代在进入家族企业前的创业经历可以激励他们的创业精神，同时帮助他们获得更多的经验，能够促使二代在父辈打造的基石上对企业进行革新和改造。因此拥有创业经历的二代在进入家族企业后，更有可能进行战略上的调整和变革。

图5-15　二代是否有创业经历的家族企业战略变革状况

另外，课题组还从二代在进入家族企业前是否有在相关行业工作的经历，是否有在家族企业外担任高管或董事的经历，是否在商会、行业协会等社会团体任职过，是否担任行业协会领导人，是否在银行、证券、基金、保险等金融类机构任职过，是否在学术、科研机构任职过等个人经历维度进行了组别分析，也没有发现显著差异。

第六节　典型案例

案例一　新希望：传承与转型并肩进行

新希望集团董事长刘永好从1982年白手起家创业，如今坐拥数百亿资产，是同时代企业家中的翘楚，也是中国企业界基业长青的典范。然而，随着他步入花甲之龄，传承已迫在眉睫，以实现家业长青、永续经营的心愿。另外，受中国经济形势和行业影响，2012年企业整体发展减速，业绩下滑。从公司长远发展来看，新希望必须注入新鲜血液，带领公司实现转型。在这种“内忧外患”情况下，如何才能顺利完成交接班，同时让一批更年轻、更有活力的年轻人走上前台，以实现企业转型和变革的重任？这是创始人刘永好面临的挑战。

家业简述

新希望集团是中国最早一批民营经济的典型代表，是中国最大的民营农牧与食品制造企业集团之一，拥有农牧与食品、化工与资源、地产与基础设施、金融与投资四大产业板块。2014年，集团实现销售收入782亿元，员工8万余名，排名在“2015中国民企500强企业榜单”第25位。新希望前身可以追溯到1982年由刘永言、刘永行、陈育新（曾用名“刘永美”）和刘永好四兄弟创建的希望集团（见图5–16）。

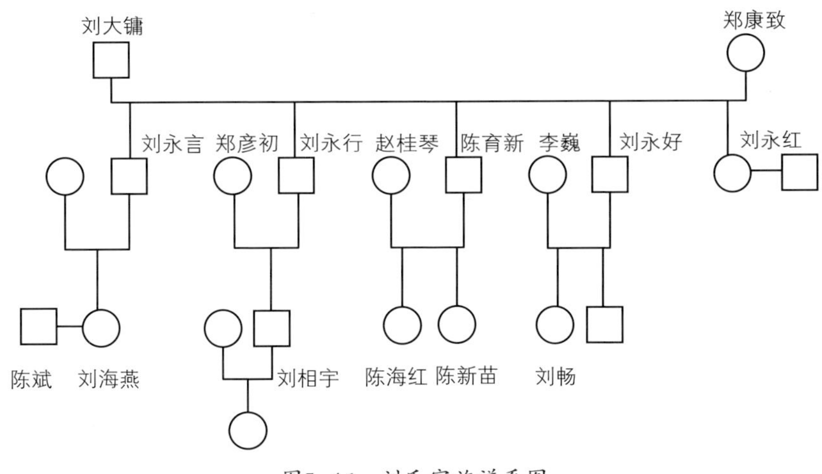

图5–16　刘氏家族谱系图

集团成立不久后，按照价值取向和各自特长，刘氏产业被划为三个领域：刘永言向高科技领域进军；陈育新负责现有产业运转和开拓房地产；刘永行和刘永好到各地发展分公司，复制“新津模式”。产权部分，兄弟四人平均划分，各占25%股份。

随着企业的进一步发展，家族制管理的诸多弊病也逐渐显现。于是，在1995年3月，兄弟四人进行了第二次“分家”：刘永言主要从事电子工业；刘永美从事房地产；而刘永行、刘永好以长江为界，“划江而治，分区料理”，刘永行主持东方希望，刘永好坐镇南方希望。1995年至1997年之间，在南方希望资产的基础上，刘永好组建了四川新希望集团公司，在以后的约10年时间里，新希望集团进行了大量的规范和创新，一路高歌猛进，成为农业产业化国家重点龙头企业。

传承与转型两大难题

家业传承并非易事，刘永好面临着以下棘手的难题：

首先，集团可供候选的继任者数量较少。30多年来的计划生育政策，使得中国民企在传承时多数面对的是“是非题”而非“选择题”。这大大限制了家族内传承的可操作空间。就新希望集团而言，在刘永好家庭内部，除了女儿刘畅，其他达到适合接班年龄段的潜在继任者并不存在。这也同时带来了一定的风险：如果刘畅不能平稳接棒，新希望该由谁来接管？

其次，“小家庭大企业”形态下的中国家族企业，管理和治理的难度较大。中国当今多数家族企业，家庭规模较小而企业发展迅猛，形成了小家庭和大企业共存的格局。国内的家族企业，家庭直系亲属的人数可能只有四五个人，但是其产业却非常庞大。同样的产业如果放在欧美、东南亚国家，可能要拼搏几代才能达到。新希望集团也是如此，自创业以来，企业规模迅速扩张，总资产超过400亿元，企业人员构成越来越复杂。而潜在继任者刘畅尚且年轻，阅历和管理经验不够丰富，她能否挑得起管理的重担？能否实现管理的提升以及体系和体制的跟进？

再次，多年的海外留学经历和价值观差异，也可能对传承及其后续管理造成一定影响。现在，中国很多家族企业二代都受过比较好的教育，他们往往在高中或者初中阶段就去海外学习。刘永好女儿刘畅是80后，14岁时就在父母的安排下被送去美国读书，读完MBA之后才回国。留学归来的二代和老一辈之间，可能存在文化和价值观上的冲突，两代人有时很难达成共识，对企业的发展方向容易产生分歧，甚至两代人之间的沟通都可能存在一些问题，这会对家业传承造成一定影响。

最后，由于历史背景和社会制度差异，中国民营企业家并没有完全成熟的本土模型或经验可以借鉴，一切都要摸着石头过河。与西方社会不同的是，近100多年以来，中国社会不断动荡和变迁，完整保留下来的、传承百年的典型家族企业几乎没有。这无疑对正在进行第一次交接的民营企业家提出了更高的要求。

除了传承的挑战，新希望还面临着不利的市场环境。2012—2013年，新希望发展频频遇挫，此时行业与企业整体发展减速，“速生鸡”和禽流感等突发事件又给集团平添阻力。2012年，集团利润总额同比下降31.67%，净利润同比下降35.4%。此时，中国经济已经进入了“普遍过剩”的第二阶段，已经不是那个“只要做大规模就能赚钱”的时代了。除了垄断性行业，各行业的利润率越来越低。从公司长远发展来看，新希望必须注入新活力，对企业现状进行变革。因此，伴随传承而来的还有后续的战略转型业务。面对更加不确定的商业环境，新希望的传承有点“临危受命”之感，传承压力和业绩压力两座大山沉沉地压在接班人肩上。

二代刘畅的成长与磨砺

为了解决传承的种种难题，一代企业家需要精心准备接班计划，制定适合的传承模式，而继任者则需要思考自己的接班意愿并培养自身的经营能力。为此，早在十几年前，刘永好就已经开始悉心安排，精心规划了女儿的接班日程，同时对新老交替的传承过程进行了积极探索。

据公开报道，刘永好曾明确与女儿进行过沟通，让她自行决定是到公司做事还是在外学习。从22岁初入职场到33岁正式接班，除了在北京一家广告公司短暂进行不足两年的历练外，刘畅绝大部分时间都以“李天媚”这个名字在新希望的各个岗位上低调地积累着经验。

刘畅最初积累的是市场营销方面的经验。2001年，刘畅在父亲的授意下首先进入北京金锣广告公司，从事品牌宣传和项目策划，参与了汇源果汁、伊利、完达山集团等市场营销项目，建立了对品牌的最初认识。同年，刘畅正式进入家族企业，负责乳业业务，先后担任办公室主任和乳业事业部副总经理的职位。在此期间，她全面负责乳业品牌的整合、定位、策划、营销和广告等事项。2004年，刘畅开始担任四川南方希望有限公司董事、副总经理。

在此期间，刘畅也曾萌生过自主创业的想法。刘永好的做法是予以支持。他拿出150万元为刘畅在成都春熙路上开了一家时尚服饰店。然而，她的创业并不理想，最终以时尚店的关门结业告终。这段挫折让刘畅有了更多的思考。正是这段经历促使她去北京大学读MBA，系统学习企业经营管理。

2006年刘畅回归家族企业，担任新希望集团房地产事业部副总经理，负责上海的房地产业务。这次，她在家族企业内部的锻炼较为顺利。两年后，刘畅把工作重心转移到海外业务扩展，组建并出任集团在新加坡的海外投资总公司董事长，全面负责一切海外投资事项。刘畅在这个领域得心应手，集团海外业务取得积极进展。2012年海外业务盈利1亿多元，海外工厂也已扩展至24家，遍布越南、柬埔寨和埃及等国。

经过10余年的磨砺，刘畅对于农牧产业从最初的拒绝最终转变为喜爱。她的能力也逐渐得到刘永好的认可。刘永好曾如此评价女儿道：“刘畅的优点很多，第一是她年轻；第二，她有海外工作背景，很国际化；第三，她非常有激情，有活力，工作也很努力。同时，经过10多年在公司内各个环节以及在社会、市场的磨炼后，现在她对市场的把握和判断有了相当的提升。另外，她很有亲和力和凝聚力，这不仅体现在内部，也体现在外部。就内部来说，大家对她很认同，很支持。在外部，她的好性格和真诚的态度也让她非常具有号召力。”

探索"混合制"传承模式①

随着刘畅的管理能力一步步得到父亲和公司上下的认可，62岁的刘永好开始放权。2013年5月22日，在新希望六和股份有限公司2012年股东大会和第六届董事会第一次会议上，刘畅当选新一届董事长，自1998年起连续5届担任新希望董事长的刘永好，从这一届开始放下了上市公司的权杖，逐步退出管理层。刘永好在交班的同时，为女儿配备了保驾护航的"导师"——联席董事长兼CEO陈春花。刘永好表示，做出这样的安排主要基于以下考虑："刘畅还年轻，她的理论知识有一些，但还不够全面。另外，她还需要更加系统的实战经验。而陈春花十几年来一直是我们的专家和顾问，一直跟踪公司的治理、管理和市场，不断给我们提建议。在早些年，她曾出任过六和集团的总裁，两年任职期间，对公司的治理和发展起到了非常积极的作用。而且在之后很长时间内，有关公司发展的问题，我们一般都会跟她沟通，她相当于我们智囊团的一个主要成员。同时，她也曾担任多家企业的独立董事，出任过美的、TCL等公司的顾问，对于公司治理结构、管理制度以及市场体系都有非常深入的研究。而且她对行业很了解，行业很认同她，这都是优势。"

刘永好在充分考虑了刘畅与陈春花的经验与能力之后，对二者的角色做出了清晰定位。刘畅更多关注董事会运作，关注重要战略合作伙伴关系的发展和国际化战略；陈春花则主要关注经营策略调整、组织、文化和新的转型业务。陈春花说："目前来讲，董事会日常的工作刘畅可以做，但怎么经营，怎么提升，就要我带领团队来做。她在这一过程中主要是学习。"

二代+职业经理人：并肩促转型

为了适应国内外环境的变化和满足自身发展的需要，新希望集团在30多年的发展过程中进行了一系列的战略变革。集团战略演变的轨迹大致是：单一业务战略——多元化和国际化战略——以农牧业为主业的"归核化战略"。

从2003年到2005年，新希望集团在饲料、乳业、房地产和化工四大板块中，每个板块的收入都逐年增加，但饲料板块所占的份额最大。2005年年初，集团提出了要打造"规范、环保、领先的世界级农牧业企业"的战略目标，宣布不再在金融、房地产等领域加速扩张，而要集中力量打造农牧板块。集团由此开始了第四次重要的战略变革，有志于实现农牧产业的大整合。

---

① 巩键．新希望：探索"混合制"传承模式[J]．哈佛商业评论，2015（10）．

在刘永好看来，农业要做到以下几方面的转型：第一，从传统的、小规模的自给为主的畜牧体系，逐步转为规模化的现代产业基地；第二，从以往单个公司养殖变为发展产业链，形成“可追溯”机制；第三，从单家、独户、小个体，变成公司、农户、政府、金融机构以及科研单位的共同利益组合体，这又是一个产业链。自新希望提出这个战略目标以来，集团加大了农牧业行业战略整合步伐，希望通过战略调整，最终打造大农业产业链。集团对标美国农业巨头史密斯菲尔德，制定了10个标准，并主要采取了以下五个方面的措施来实现这个目标：1）把新希望农业股份有限公司在化工行业中的新龙、华融两家公司剥离，使股份公司成为真正意义上的农牧企业；2）逐步建立起“三链两网”的产业规划，“三链”即猪产业链、禽产业链、奶牛产业链，“两网”指农村营销服务网、农村金融担保网；3）收购山东六和集团，标志着逐步打通了禽产业链；4）收购了千喜鹤集团，由此打通了生猪产业链；5）建立了“新和石千”战略联盟，对公司的品牌、研发以及采购等资源进行整合。

2011年，新希望集团进行了一系列重大资产重组方案，剥离了持续亏损的乳业资产和房地产等非主业资产，将六和集团、新希望六和农牧等优质资产注入公司并实现农牧业整体上市，正式更名为新希望六和股份有限公司。由此，公司完成了农牧产业的完全整合，形成了农牧产业一体化经营，包括饲料生产、畜禽养殖、屠宰及肉制品加工等。之后，新希望集团饲料年生产能力达2000万吨（居中国第一位），年家禽屠宰能力达10亿只（居世界第一位）。

而在新希望传承之际，中国经济已经进入“普遍过剩”的第二阶段。消费者需求随着收入增长而开始升级，同时，互联网浪潮极大地改变着人们的日常生活方式，新希望面临着新一轮转型升级的压力。

刘畅与陈春花上任后，新希望的转型大幕拉开。一方面，新希望加快了国际化步伐，饲料工厂从东南亚扩展到了欧洲，海外扩张从单纯的饲料厂到养殖一体化；另一方面，新希望也在产业链、管理、业务模式和市场等方面加速进行转型。在此后的3年里，在刘畅和陈春花的共同领导下，新希望进行了5次大的组织调整，从存量激活（包括成本重构、组织解构和激活个体）和增长成长（包括价值重构、整合资源和新组织平台建设）两个层面对公司的战略进行了一系列变革，最终将“新希望六和”从一家饲料加工厂转变成了生产动物蛋白的食品商，从传统的农牧企业转变为了现代农牧食品供应链企业。

新希望的转型已经初见成效。据2015年半年度财报，该公司2015年上半年的

经营质量得到了极大提升，利润比上年同期增长23.13%[①]。2016年第一季度财报，公司净利同比增长28%，其中农牧业务盈利大增近400%，公司屠宰加工业务取得了84.73%的毛利增幅。

案例二　中球童车：传承转型下二代的积极作用

中国家族企业在跨代传承的关键时期，同时赶上了中国经济发展最重要的转型升级阶段。在传承和转型的双轨下，创一代不仅把载满权力和财富的家族企业列车交付给了二代，同时企业战略转型的方向盘也握在了二代手中。如何在实现代际传承的同时完成企业战略转型呢？中球童车在解决这两大问题时，二代发挥的积极作用给予了我们思考和启示。

1996年,高忠权夫妇创办了宁波中球童车有限公司（原慈溪市新中华童车有限公司）。公司从童车配件做起，逐步转向于研究性生产和试销体验，目前致力于婴童用品的研发、制造、销售和服务。经过近20年的发展，在国内市场已有200多位客户为中球童车进行品牌代理，中球童车自主品牌的儿童自行车、婴儿手推车等已进入丽家宝贝、沃尔玛等母婴店连锁店、商超和专卖店。随着“强孩纳”品牌知名度在婴童行业的不断提升，中球童车在国内的销售每年同比增长25%以上。同时中球童车进军国外市场，销往欧洲、澳洲、俄罗斯、东亚、中南美等地区的中高端产品，销量一直保持着高速度增长。

高忠权夫妇一直以来对于儿子高方超的培养和规划都是希望他能“接班”，将来进入家族企业。从美国研究生毕业以后，高方超选择回国。因为是读金融出身，高方超考虑过去外面银行、投行锻炼工作几年，但后来听从父母劝说，回到了家族企业工作。

高方超最开始加入了销售部门，在熟悉企业期间，高方超逐渐发现了企业面临的重重压力和困境。一方面，行业竞争固化，整体规模趋于饱和，原有的营销模式过时，高方超认为企业急需寻找新的市场机会。同时，他感觉到父亲的一些管理理念和企业既有体系已经与当下市场的发展模式脱节，企业的研发、生产、销售等各个方面都需要改革。但另一方面却是父亲的担忧。高忠权认为儿子刚进入企业，缺乏经验，不了解传统制造业的现状。而且他从国外归来，不懂国内的管理经营之道。出于对儿子的不放心，高忠权经常干涉高方超的工作。两人价值观的差异、对

① 陈春花．改变是组织最大的资产：新希望六和转型实务[M]．北京：机械工业出版社，2017：158．

于经营理念和管理方式的不同认知和偏好，逐渐引发了父子间的矛盾。

在这种情况下，高方超认真思考了企业的未来以及自己是否有能力和信心带领企业做出一些改变。父亲辛苦创业，企业是他最珍惜和看重的，当父亲垂暮、企业面临重压时，高方超认为自己有责任和义务保护企业，带领企业走出困境。同时，他也反思了与父亲矛盾的来源，认为这是因为两人之间的交流太少。于是高方超主动找父亲谈心，向他描述了自己对企业的规划，讲到了企业战略转型的必要性。在交谈之后，父子对彼此的想法有了更深入的了解。高忠权也慢慢发现儿子受过良好教育，有较强的职业修养和事业心。经父子二人多次沟通，父亲最终认可了儿子的思路和策略，也渐渐开始放权。得到父亲的支持和认可后，高方超逐步开始了一系列改革和创新。

在销售方面，公司之前的市场都在国内，但随着产能的扩张，销售渠道需要进一步打开。如何拓宽销售渠道，高方超认为主要可从外贸和电商两方面入手。外贸上要打开国际市场，首先要找到好的国际合作伙伴。2013年，全球最大婴童用品贸易商DOREL与中球童车开展战略合作，为中球童车拓展欧美中高端市场打开了一扇全新的大门。在电商方面，高方超利用互联网的宣传效力，进一步提高了品牌的知名度。同时，高方超并没有忽视国内市场。通过新的销售团队进一步的开拓，国内批发商数量比之前增加了近一倍。

在生产方面，高方超采取产销分离策略。2014年，中球成立了强孩纳婴童用品有限公司，以“强孩纳”品牌作为企业开拓国内外市场的无形资产，形成竞争优势。同时，中球也凭借企业在行业内的知名度，注重自主品牌的推广战略，积极吸引国内多家婴童用品生产企业开展品牌合作，为“强孩纳”品牌进行OEM生产。目前，中球有1000万元左右的销售额来自OEM生产。

在研发方面，中球还与台湾设计师开展合作，以每年3～4款世界级新产品的节奏持续推出新款童车，为“强孩纳”品牌注入新的竞争活力。目前，中球已经开发出30多款童车，并获得了20多项国家专利。

高方超认为，国家的二孩政策对已有一定市场和品牌基础的婴童车企业来说是一个利好消息，中球童车也面临着更多的机会和挑战。他的下一步规划和打算是进一步细分市场，向汽车安全椅等相关婴童用品拓展，同时强化企业市场核心竞争优势，积极开展品牌代理，持续打响“强孩纳”品牌的知名度和美誉度。

从高忠权和高方超父子交班和放权的经验看，父亲在一个非常合适的时机让儿子进入企业。当时正值中球童车发展新厂，需要从外部招聘大量新鲜血液。高方超在这个时候进入企业，可以趁此机会组建、发展新的团队，可以更快地与团队融合，也能更好地接管。因为接管老团队有很多风险，年轻的领导人很难突破旧的团队惯性，树立新的影响力。即使选择了一个合适的时机进入企业，高忠权父子也经过了4年的磨合时间。进入企业后，高方超最开始没有太多决策权，而是当有想法、有新思路时，先向父亲提出，父子二人经过多轮商谈后，父亲再决定是否实施。这一过程，实质上是父亲对儿子进行多次考察和锻炼的过程。在认为儿子有足够的能力和经验独当一面后，高忠权才逐步将管理权交给了高方超。在这过程中，父亲也在不断地向儿子传递家族文化，共同确立企业未来发展的目标和愿景，即共同努力，铸就百年企业。“浚源宜流长，叶茂须根深。”家族文化是最重要的无形资产。能否有效治理家族企业，关键要看家族能否成功传递家族价值观、使命和所有家族成员的长期愿景。

从中球童车创新转型的经验看，公司选择了一条以品牌为中心，向中高端市场两头发展的新思路。从传统的童车生产，到拓展销售、发展品牌、贴牌生产、研发创新齐头并进，中球童车成功转型成为拥有自主品牌的国际知名婴幼童车公司。企业的成功转型与高方超受过高等教育、具有国际视野密不可分，正是在这样的背景下，他才能提出用开拓国际市场和利用互联网的新思路解决传统企业面临的转型难题的建议。相比一代创业者，二代最大的特点是接受过更高层次的教育，具有更广阔的视野，对于不断变换的市场趋势和技术创新需求有更好的捕捉能力。企业的战略转型与变革需要不同以往的知识和能力，代际传承提供了一个领导人知识更新换代的契机。因此，面对家族企业的战略转型需求，二代需要转变角色定位，发挥主动作用，抓住良机，积极推行企业的创新与变革。

中球童车在家族企业传承的过程中同时实现了企业的创新转型，为我们带来了新的思路。在家族企业传承过程中，创一代可以在全局上做统筹，在管理经验、政府关系、社会资源上给予协助。年轻的创二代在接受传承使命后，以新的知识结构、阅历视野带来的创新思维，借助强有力的创业梦想和激情，抓住传承机遇，推进企业转型升级。

案例三　玮兰床垫：父女共同推动企业转型①

重庆玮兰床垫家具有限公司成立于1995年，经过20年积累，已经发展成为国内规模与实力兼备的健康睡眠家居企业。玮兰立足西南，放眼全球，在西南地区建有符合国际标准的园林化厂房，在全国拥有100多个城区直营店、近200个加盟商、1000多家经销商。旗下床垫、软床、家纺、桑蚕丝绒被等健康睡眠产品以

① 陈世慧:《企业和家庭实现同步变革》,《接力》, 2016年第3期。

卓越品质畅销全国，其中床垫销量位居同行前列。玮兰现年产值2亿元，员工700人。玮兰由张建伟夫妇共同创立，是家族控股的西南地区第一床垫品牌。

转型挑战

1995年，涉足窗帘、零售等一系列行业后，创办床垫工厂成为张建伟的最终选择。玮兰成立伊始就是劳动力密集型的行业。其从事床垫制造10余年来，低、中、高端市场均有涉及。

2010年起，张建伟发现，低端市场已经在逐步萎缩，为长远发展考虑，转型成为企业的新目标。他希望低端产品逐步减少，中高端产品与低端产品的运作进行切割。事实也证明他的判断是正确的，占比20%的高端产品提供了公司最高的利润收益。然而，转型需要天时地利人和，并要吸收更有能力的人才来推动。人才吸纳需要时间周期，现有团队中的部分高管缺乏相应的知识储备，无法转换思维配合领导者，从而使得转型历经“拉扯”。比如董事长的决策无法被普通高管深刻理解，战略执行到下层就会“走形”；粗放管理不规范，企业章程和制度不完善等。这些进一步放大了转型困难。此时，如果采取强硬措施推行改革，将引起员工反感，甚至适得其反。

父女同心的变革之路

张建伟想到了海归科班背景的女儿，恰好此时女儿张伶俐也学成归来。父亲开始寻求女儿的帮助。张伶俐提出，要借助外力推行企业变革。她说的这个外力是宜家。宜家作为国际知名的家居品牌，虽然不能为企业带来较高的利润率水平，但是因其高知名度，政府愿意提供相关扶持，放松融资的资金约束。尤其是，宜家需要常规验厂，如果合作，就要对玮兰的初级劳作形态进行管理优化，而这一举措是对公司的绝佳帮扶，是借助第三者来推动的工厂变革。因此，在管理优化过程中，虽然遇到来自各方的阻力，父女俩仍然坚持不变，并且初步拟定了逐步退出低端市场、集中力量在中高端市场的思路。

女儿张伶俐进修时聆听了原光明乳业集团总裁王佳芬的讲座。光明对待低端工厂的处理办法引起了她浓厚的兴趣。当时光明希望进入高端市场，但是下辖的部分牛奶厂以低端产品为主，技术工人在企业中工作多年，年龄较大，不愿意接触新知识。对于如何让这些人和平离开公司并得到妥善的照顾，光明体现出了卓越的管理智慧：筛选出会善待工人、主营低端产品的竞争者，将适应低端市场的工人和工厂都留给他们，并提供免费厂房和必要运转费用，鼓励工人从事自己熟悉的工作，唯一条件是竞争对手需要善待和照顾这些工人。这一套“组合拳”极为巧妙。首先，光明践行了自己的社会责任，解决了高龄低素质劳动力的就业问题，并不裁员剥离这部分不符合公司发展的员工，这让员工感受到来自“老东家”的善意。其次，通过比较优惠的条件，吸引竞争对手花费主要精力维持原有低端市场和雇用低素质员工。与此同时，光明集中精力开拓高端市场，当竞争对手意识到低端市场不可维系时，在新市场领域里已经远远落后。

张伶俐对此极为惊叹：“我最大的感受是，商业并非一定要不择手段地最大化转化价值来投入新的事业。”光明当年面对的情况，正是玮兰如今的局面：由跟随公司多年的老员工生产的低端产品占据公司近60%的份额，他们都是创业初期就一起打江山的亲朋好友，公司极不忍心割舍，但现实发展又迫使父女俩不得不忍痛思考这个问题。

光明的做法给了张伶俐借鉴。她和父亲开始尝试一些方式：保持低端生产线不变，家族不再从低端市场中获取额外利润，但所得收益分成两部分资金流：一部分维持低端市场的机器维护、水电、工资等，家族不再对此追加投入，让低端产业自然萎缩；另一部分投资中高端设备，推动中高端产品线的蓬勃发展。对于老工人的处理，她坦言还没有确定的方案，但目标是让不再符合企业发展的员工满意地走，根据他们的需要给以相应的扶持。

实际上，当父女共同推动企业转型、停止对低端生产线投入、让其自然运转至生命结束、提倡关爱文化、将注意力从追求外部竞争转移到内功修炼时，企业变革已经有了很好的开端。当前国家经济增长放缓，产业界开始提倡小而美，原有的拼命提高增长率和销售量、将规模做大的方式，并不能保持企业的健康发展，借此机会，企业沉下心将产品做好，将员工照顾好，可以提高竞争力，也让家族和企业的员工都更有动力和归属感。在整个过程中，父女关系因合作和共识也得到了大幅改善。

案例总结

对比新希望、中球童车、玮兰3家企业，它们在发起战略变革的动机、面对的挑战、选择的变革方式以及变革的推动者等方面有着很大的差别。

新希望同时面临的是传承与转型两大难题，除了传承的挑战，新希望还面临着不利的市场环境。创始人刘永好提前十几年开始为女儿刘畅准备接班计划。从在外历练到回企业轮岗，刘畅收获的不仅是职场的磨砺，更多的是对家族企业的责任和对企业未来发展的思考。事实上，新希望集团在30多年的发展过程中进行了一系列的战略变革，集团战略演变的轨迹大致从单一业务战略到多元化和国际化战略，再到以农牧业为主业的“归核化战略”。创始人刘永好对于企业转型的整体路径有着清晰的规划。而且，在交班的同时，刘永好为女儿配备了保驾护航的“导师”——联席董事长兼CEO陈春花。二代与职业经理人合作的模式为新希望加大农牧业行业战略整合步伐，最终打造大农业产业链提供了有力的保障。

在中球童车案例中，二代高方超在加入家族企业后，逐渐发现了企业面临的重重压力和困境。行业竞争固化，整体规模趋于饱和，原有的营销模式过时，高方超认为企业急需寻找新的市场机会。同时，父辈的一些管理理念和企业既有体系已经与当下市场的发展模式脱节。企业面临的重压和对家族企业的责任感激发了高方超带领企业进行战略转型的想法。在销售上，高方超从外贸和电商两方面入手。外贸上要打开国际市场；电商方面利用互联网的宣传效力，进一步提高了品牌的知名度。在生产上，高方超采取产销分离策略，注重自主品牌的推广战略，积极吸引国内多家婴童用品生产企业开展品牌合作；在研发方面，中球积极寻求与优秀设计师开展合作，强化企业核心竞争优势。中球童车的成功转型与二代高方超积极发挥的作用密不可分。

在玮兰床垫的案例中，创始人张建伟发现低端市场已经在逐步萎缩，为长远发展考虑，转型成为企业的新目标。然而，转型需要天时地利人和，并要吸收更有能力的人才来推动。人才吸纳需要时间周期，现有团队中的部分高管缺乏相应的知识储备，无法转换思维配合领导者，使得转型历经“拉扯”。张建伟开始向海归科班背景的女儿张伶俐寻求帮助。张伶俐提出，要借助外力推行企业变革，向宜家学习。父女俩多次交流后，确定了逐步退出低端市场的策略，集中力量在中高端产品上下功夫。父女共同推动企业转型，停止对低端生产线投入，让其自然运转至生命结束，提倡关爱文化，将注意力从追求外部竞争转移到内功修炼。创始人与二代共同合作的模式使得玮兰床垫的企业变革有了很好的开端。

面临新一轮挑战及经济调整，企业将会进行适度的调整，以适应市场和需求的变化。结合上市公司数据分析，家族企业的战略变革为企业的绩效和发展带来了挑战，但同时产业结构、行业内部结构和企业产品的结构性调整也将为家族企业的发展带来新的机会。家族企业转型有多种战略选择，如由线下向线上转移、从低端向高端攀升、积极开拓海外市场、从原来的主营业务向多元化业务拓展等。这些战略的选择并不是单一的，很多时候需要企业根据实际情况复合实施。

在上述3个案例中，因为不同的企业历史、家族关系、二代能力状况等原因，二代参与家族企业战略变革的方式、程度各有不同。新希望采取的是二代和职业经理人合作模式；中球童车案例中二代承担起变革的大梁；玮兰床垫采取的是创始人和二代合作模式。在二代的参与过程中，一方面可以通过战略变革促进企业的可持续和跨代经营；另一方面在企业战略变革中可以使二代完成成长历练。

本章参考文献

[1] Dess G G, Ireland R D, Zahra S A, Floyd, et al. Emerging issues in corporate entrepreneurship [J]. Journal of Management, 2013, 29(3) :351−378.

[2] Haveman H A. Between a rock and a hard place: Organizational change and performance under conditions of fundamental environmental transformation[J]. Administrative Science Quarterly, 1992, 37(1): 48−75.

[3] Herrmann P, Nadkarni S. Managing strategic change: The duality of CEO personality[J]. Strategic Management Journal, 2014, 35(9): 1318−1342.

[4] Singh J V. Performance, slack, and risk taking in organizational decision making[J]. Academy of Management Journal, 1986, 29(3): 562−585.

[5] Zajac E J, Kraatz M S. A diametric forces model of strategic change: Assessing the antecedents and consequences of restructuring in the higher education industry. Strategic Management Journal, 1993, 14(S1): 83−102.

后　记

POSTSCRIPT

《2017中国家族企业健康发展报告》是浙江大学管理学院进行的第六次家族企业健康研究。本项目于2017年5月正式启动后，项目组集中精力展开文献梳理、框架研讨、数据整理分析和报告撰写，于2017年10月完成并付梓出版。

在项目研究中项目组得到了多位专家、企业家的支持和帮助，特别感谢宁波方太集团名誉董事长茅理翔先生、重庆玮兰床垫家具有限公司张伶俐女士。同时，也要感谢接受项目组深访和调查的多名企业家、接班人及职业经理人，没有你们的支持和帮助，也就不会有这项研究报告的问世。

最后要特别感谢浙江大学管理学院陈凌教授和窦军生副教授的研究团队，王宁、谢倞晶、韦笑和吴赛赛等博士生在案例企业的访谈、数据的整理分析和报告的撰写过程中做了大量工作，付出了巨大的心力，董纪阳和章迪禹在研究框架的确立和报告的修订过程中也提供了很大帮助。感谢浙江大学出版社编审樊晓燕博士一如既往对家族企业健康课题研究工作的支持，正是你们的辛勤付出，这份研究报告才得以出炉！

课题组

2017年10月